KB151059

전남대학교 교육문제연구소
THE INSTITUTE OF EDUCATIONAL RESEARCH, CHONNAM NATIONAL UNIVERSITY
전남대학교 교육문제연구소 총서 1

플로리싱한
삶을 위한 교육

류지헌 · 이주미 · 정주리 · 주현정 · 홍은영

박영story

이 책은 플로리싱(flourishing)이라는 개념을 소개하고, 이것을 우리 교육현실에 적용해 보기 위한 다양한 노력과 논의를 제시하려는 것이다. 플로리싱은 인간의 긍정심리나 웰빙의 행복을 추구하는 용어이다. 그런데 플로리싱은 일시적으로 즐거운 정서 상태를 추구하는 것이 아니다. 그보다는 자신의 능력을 최대한 발휘할 수 있는 정신적인 상태를 의미한다. 이러한 상태에 이르게 됨으로써 개인은 자신이 하는 일에 몰입하며, 주변 사람들과 친밀한 관계를 형성하고, 삶의 의미를 발견하며, 자신의 능력과 잠재력을 최대로 발휘하여 성취를 이룰 수 있게 된다. 행복과 긍정적인 정신상태를 지향하는 플로리싱 교육은 그동안 우리의 교육이 추구했던 성취중심적인 교육의 문제를 치유할 수 있는 접근이라고 할 수 있다.

사회적으로 우리는 괄목할 만한 교육성과를 이루었음에도 우리나라 아동·청소년 행복지수와 삶의 만족도는 OECD 하위권을 벗어나지 못하고 있다. 플로리싱에 대한 연구는 이러한 우리의 문제점을 극복하기 위한 대안을 찾고 실천전략을 적용해보려는 시도이다. 미래사회는

개인주의적 성과 중심 교육관점에서 공동체의 번영과 안녕을 추구하게
될 것이기 때문이다. 이 책을 통하여 플로리싱에 대한 개념과 논쟁을
소개하고자 했다. 시대적인 변화와 기술공학적인 발달을 고려한 교육적
인 관점을 재검토하는 계기를 마련하고자 한다.

제1장에서는 플로리싱의 개념에 대해서 살펴보았다. 플로리싱을
다루고 있는 학자들의 관점에 따른 특징을 제시하였다. 여기에서는 주
요 학자별 플로리싱 개념을 분석하고 행복한 삶을 위한 역량으로서 플
로리싱 내용 요소를 체계적으로 범주화하고자 했다. 다양한 관점을 체
계적으로 비교해봄으로써 플로리싱 개념의 교육학적인 해석과 개념화
를 시도했다.

제2장에서는 행복이라는 개념을 근간으로 플로리싱과 긍정 교육의
관점을 비평적으로 분석하고자 했다. 이를 위하여 행복에 대한 개념적
인 분석과 행복한 상태에 이르기 위한 여정에 대하여 논의했다. 이와
더불어 행복의 교육학적인 가능성과 한계를 제시했다. 개인이 지각하는
행복한 상태는 특정 감정상태를 지지한다고 해서 달성되지 않는다는
점을 강조하였다.

제3장에서는 플로리싱 교육을 위한 실천적인 방법을 제시하였다.
긍정심리학에 대한 개념소개와 더불어 긍정교육의 필요성과 방법을 설
명하고 있다. 이러한 이론적 근거를 바탕으로 긍정교육을 활용한 프로
그램 사례와 구체적인 기법을 제시하고 있다. 특히, 예비교사를 대상으
로 긍정교육에 대한 사례분석을 통해서 감사일기와 같이 실천적인 적
용방법을 분석했다.

제4장에서는 플로리싱한 상태에 대한 이해를 위해서 플로리시의
구성요소 등에 대한 상세한 내용을 다루고 있다. 플로리시한 상태는 학

습자의 연령, 직업, 발달과업에 따라서 달라지게 된다. 따라서 이러한 다차원적인 요소를 반영한 플로리시 측정 척도에 대한 관심과 적용이 필요하다. 더 나아가 특정 직업이나 과업에 따라서 플로리시의 구성요소가 달라질 수 있음을 제시하고 있다.

제5장에서는 플로리싱 개념을 확장하여 디지털 플로리싱과 같이 기술공학 기반의 이러닝 학습에서 고려할 요인에 대해서 살펴보았다. 이러닝 학습환경에서는 고립된 학습경험을 하기 때문에 긍정적인 심리 상태를 경험하는 것이 쉽지 않다. 이러한 문제점을 극복하고자 학습개입의 증진을 높이기 위한 연구동향을 살펴보았다. 적극적인 학습개입을 도출하기 위한 활동설계에 대해서 논의했다.

교육이 개인의 성취에만 초점을 맞추는 기존의 접근방식에서 벗어나야 한다. 전통적인 교육환경을 벗어나 학생의 역량을 최대한 발휘할 수 있도록 지도하는 것이 더욱 중요한 시점이다. 이 책을 통하여 교육전환의 시기를 맞이하여 플로리싱이 지향하는 교육패러다임에 대한 관심과 논의가 시작되기를 바란다.

저자 일동

차
례
• • •

01

플로리싱(Flourishing)이란 무엇인가?
행복한 삶을 위한 역량으로서 플로리싱_주현정

02

'거짓된 삶' 속 플로리싱 교육_홍은영

03

긍정교육: 학교에서 가르치는 플로리싱_이주미

04

대상에 따른 플로리시 구성요소 차이_정주리

05

디지털 학습에서의 플로리싱

: 이러닝에서의 학습개입 증진에 대한 체계적 문헌 고찰_류지헌

플로리싱(Flourishing)이란 무엇인가?
행복한 삶을 위한 역량으로서 플로리싱[1]

주현정

1 들어가기

플로리싱(Flourishing)이란 무엇인가? 우리 사회는 개인 삶의 행복과 만족이 최상의 가치로 인식되고 있으며 질적으로 가치 있는 삶에 대한 관심이 증가하고 있다. 이러한 가운데 인간의 진정한 행복한 삶에 대한 다양한 정의와 관점이 제기되고 있으며, 행복을 측정하는 개념으로서 플로리싱이 중요하게 다뤄지고 있다. 하지만 플로리싱이라는 개념이 추상적이고 연구자들마다 다양한 방식으로 정의하고 있어 플로리싱이 무

---

1) 이 원고는 주현정, 강구섭 (2022). 행복한 삶을 위한 역량으로서 플로리싱 (Flourishing) 내용 비교 연구. 『교양교육연구』 16(5), 349−367에서 내용을 발췌하여 수정·보완하였음을 밝힌다.

엇인지에 대한 개념적 합의를 이루지 못하고 있다. 특히, 플로리싱 개념은 행복의 수준을 측정하는 핵심 내용으로 인식되면서 긍정심리학을 비롯한 행복연구에서 행복, 번영상태에 대한 평가를 위한 개념이자 수단으로서 중요하게 다뤄지고 있다. 반면, 개인의 행복, 번영상태를 의미하는 플로리싱의 개념을 구성하고 있는 구체적인 세부 내용 측면에 대한 논의는 제한적으로 이뤄지고 있다. 이에 플로리싱을 통해 행복을 측정하는 연구자의 관심과 이해에 따라 서로 다른 방식으로 플로리싱 개념이 이해된 가운데 활용되고 있다.

일반적으로 플로리싱(Flourishing)이란 용어는 문자 그대로 해석하면 번영 또는 번성을 뜻하며 생물학적 성장 과정을 의미한다. 반면, 학문적으로 심리학적 관점에서 플로리싱은 개인이 가진 능력과 잠재력을 최대한 발휘하여 지속적으로 행복을 증진시키는 정신적 번영상태를 의미한다(Seligman, 2011). 즉, 정신건강의 최고 단계로서 자아실현의 의미에서 성공적인 심리적 발달을 특징으로 하며, 일상생활에서 사용하고 있는 일시적인 행복과는 다른 개념이다. 하지만 국내외 문헌에서 플로리싱 용어는 포괄적으로 행복, 웰빙(well-being), 플로리시(Flourish), 행복 플로리시, 번영감, 심리적 번영감 등 다양한 용어로 혼용되어 사용되고 있다. 따라서 플로리싱 개념에 대한 보다 심층적인 논의를 통해 플로리싱의 개념과 구성 내용을 체계적으로 이해하는 것은 중요하다. 이를 기반으로 교육학적 관점에서 플로리싱 개념을 활용하기 위한 새로운 시도가 요구된다.

2.1 Keyes의 관점에서 플로리싱: 완전한 정신건강

미국의 사회학자이자 긍정심리학자인 Corey Keyes는 사회심리학과 정신건강 측면에서 완전한 정신건강과 긍정적인 사회적 관계를 달성하기 위해 삶의 긍정적 감정, 기능과 관련된 정신건강의 개념을 도입했다(Keyes, 2002). 정신질환(장애)이 없더라도 정신적으로 건강하다고 볼 수 없으며, 우울증과 같은 정신장애 진단을 위해 특정 기준이 필요한 것처럼 정신건강 상태를 설명할 수 있는 구체적인 범주화(정신건강 범주와 진단기준)에 대한 필요성을 제안하였다. 〈그림 1〉은 keyes의 정신건강 모형의 범주화를 보여주기 위한 것이다.

그림 1 **Keyes의 정신건강 모형**

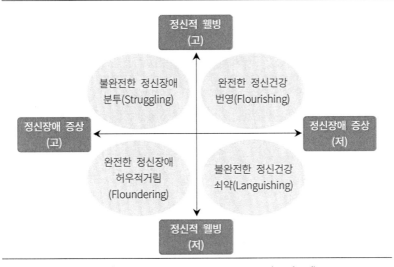

출처: Keyes(2002; 2005); Momtaz, Hamid, Haron, Bagat(2016: 86)

Keyes(2005)는 긍정적인 심리학 경향을 배경으로 정신적 상태와 정신장애의 이중요인에 기반을 둔 정신건강 모형을 제시하였다. 그는 정신적(주관적) 웰빙과 정신장애 간의 상호관계성을 분석하여 정신적(주관적) 웰빙과 정신장애의 높고 낮음에 따라 네 가지 정신건강 범주를 분류했는데 웰빙 상태를 1) 완전한 정신건강 상태를 의미하는 번영(Flourishing) 상태, 2) 불완전한 정신건강 상태를 의미하는 쇠약(Languishing) 상태, 3) 정신장애에 해당하는 허우적거림(Floundering) 상태, 4) 불완전한 정신장애 상태로서 분투(Struggling)의 4가지 상태를 제시하였다.

Keyes(2007)는 정신건강 수준은 심리 사회적 기능뿐만 아니라 신체적 건강에도 밀접한 상호관련성이 있다는 것을 발견하고 정신적 웰빙을 구성하는 3개 요인(정서적, 심리적, 사회적 웰빙)과 13개 영역을 세부적으로 범주화했다. 이를 통해 완전한 정신건강의 상태를 이해하기 위해 인간의 사적 영역과 사회 구성원으로서의 공적 영역을 아우르는 통합적 관점을 제시하였다. Keyes(2002, 2005, 2007, 2010)의 연구 결과에 따르면, 인간의 행복한 삶을 위해 정서적, 심리적, 사회적 측면을 통합적으로 접근하여 완전한 정신건강 상태를 궁극적으로 플로리싱(번영)한 상태라고 설명하였다. 여기에서 중요한 점은 정신건강의 번영을 의미하는 플로리싱한 상태는 인간이 속해있는 사회나 공동체가 번영할 때 가치 있고 의미 있는 삶이 완성된다는 것이다. 따라서 인간의 사적 영역인 정서적, 심리적 측면과 공적 영역인 사회적 측면을 통합한 정신적 웰빙(Mental Health as Flourishing)의 구성 요인들과 내용을 종합하면 〈표 1〉과 같다.

표 1 정신적 웰빙(Mental Health as Flourishing)의 구성요소

요인	영역		정의
정서적 웰빙	긍정적인 정서	1. 긍정 정서	규칙적으로 명랑하고 삶에 관심이 있고 좋은 기분에 있으며, 행복하고 차분하고 평화로우며 생기가 넘침.
		2. 삶의 만족	삶 전체 또는 삶의 영역에서 대부분 또는 매우 만족함을 느낌.
심리적 웰빙	긍정심리 기능	3. 자기수용	자기 자신에 대해 긍정적인 태도를 유지하고 자신의 성격의 대부분을 인정하고 좋아함.
		4. 개인적 성장	자신의 잠재력과 통찰력을 가지고 있으며 지속적인 발전과 도전을 추구함.
		5. 삶의 목적	자신의 삶에 방향과 의미를 가짐.
		6. 환경 통제	필요에 맞게 환경을 선택, 관리 및 개선할 수 있는 능력이 있음.
		7. 자율성	사회적으로 수용되고 관습적인 내적 기준을 가지고 있으며 자체적으로 결정하는 능력이 있음.
		8. 긍정적 관계	따뜻하고 신뢰할 수 있는 인간관계를 맺고 친밀감을 형성할 수 있음.
사회적 웰빙	긍정사회 기능	9. 사회적 수용	타인에 대해 긍정적인 태도를 가지고 있고 인정하고 수용함.
		10. 사회적 실현	사람, 집단, 사회가 잠재력을 가지고 있으며 긍정적으로 발전하거나 성장할 수 있다고 믿음.
		11. 사회적 기여	자신의 일상 활동이 사회와 타인에서 유용하고 가치있게 평가함.
		12. 사회적 일관성	사회와 사회적 삶에 관심이 있으며, 의미 있고 어느 정도 이해할 수 있음.
		13. 사회적 통합	공동체에 대한 소속감이 있고 공동체로부터 편안함과 지원을 느낌.

출처: Keyes(2007: 98)

2.2 Huppert의 관점에서 플로리싱: 긍정적인 정신건강

영국의 심리학자 Felicia Huppert는 플로리싱 개념을 설명하기 위해 다양한 국가의 플로리싱 정도를 비교하고 긍정적인 정신건강을 결정하는 요인을 분석하는 연구를 시도하였다. Huppert의 연구 분야는 인지 심리학과 신경 심리학으로 높은 웰빙과 긍정적인 정신건강을 동일시하는 개념적 틀을 제시하는 데 중점을 두었다. 또한 개인과 집단(전체 인구)의 정신건강을 개선하기 위해 플로리싱 상태를 구성하는 주요 요인들에 대한 명확한 개념화, 측정하는 방법 및 척도의 필요성을 제안하였다.

이를 위해 Huppert와 Wittington(2005)는 일반적인 정신장애(우울증, 불안)에 대해 국제적으로 합의된 기준에 대한 분석을 통해 플로리싱의 상태가 우울증과 불안장애의 10가지 증상의 반대 증상임을 발견하고 긍정적 정신건강의 10가지 증상을 제시하였다. 또한 플로리싱 상태의 설명을 위해 1) 긍정적 감정(Positive emotion), 2) 몰입(Engagement), 3) 의미(Meaning)의 세 가지 특성을 제시하고 이러한 특성은 낙관성(Optimism), 회복탄력성(Resilience), 활력(Vitality), 긍정적 관계(Positive relationships), 유능함(Competence), 자아존중감(Self-esteem), 정서적 안정(Emotional stability)의 특성을 가지고 있는 것으로 설명하였다(Huppert, Wittington, 2005).

Huppert와 So(2013)는 플로리싱의 구성 영역을 긍정적 특성(정서적 안정, 활력, 낙관성, 회복탄력성, 자아존중감), 긍정적 기능(몰입, 유능함, 의미, 긍정적 관계), 긍정적 평가(긍정적 감정, 삶의 만족)의 세 가지 영역으로 제시하였다(Huppert & So, 2013). 또한 Huppert는 기존의 플로리싱 구성요소에 명확한 사고(Clear thinking), 자기수용(Self-acceptance), 자율성(Autonomy), 공감(Empathy), 친 사회행동(Prosocial behavior)을 추가해 내용 영역을 확장하였다. 플로리싱(번영)에 대한 평가를 위해 Huppert와 So(2013) 그리고 Marsh(2020)와 그의 동료들이 제시한 다차원적 웰빙 구성요소는 〈표 2〉와 같다.

표 2 다차원적 웰빙 구성요소(WB-Pro)

구분		영역	정의
Huppert & So (2013)	DSW/ICD에 기반한 10가지 웰빙 구성요소 (플로리싱 특징)	1. 유능함	주로 자신이 하는 일에 성취감을 느낌.
		2. 정서적 안정	차분하고 평화로움.
		3. 몰입	새로운 것을 배우는 것을 좋아함.
		4. 의미	일반적으로 자신이 하는 일이 가치있다고 느낌.
		5. 낙관성	항상 미래에 대해 낙관적임.
		6. 긍정적 감정	긍정적인 감정을 경험하는 경향임.
		7. 긍정적 관계	자신의 삶에 진심으로 아껴주는 사람이 있다고 느낌.
		8. 회복탄력성	어려운 상황에서 회복할 수 있는 능력.
		9. 자아존중감	일반적으로 자신에 대해 매우 긍정적으로 느낌.
		10. 활력	정신적으로 지속적인 에너지를 가지고 있음(얼마나 많은 에너지를 느끼는 정도).
Marsh et al. (2020)	5가지 웰빙 구성요소	11. 명확한 사고	사고력, 집중력, 의사결정의 능력을 가지고 있음.
		12. 자기수용	자신의 내적 상태를 인정하고 억압하지 않음.
		13. 자율성	자신이 선택한 행동을 자유롭게 실행할 수 있음.
		14. 공감	다른 사람의 감정 상태를 경험하고 공유할 수 있음.
		15. 친사회 활동	다른 사람에게 이익을 주기 위해 자발적으로 행동함.

출처: Huppert, So.(2013: 843), Marsh et al.(2020: 298)

2.3 Diener의 관점에서 플로리싱: 삶의 만족

미국의 사회 심리학자 Edward Francis Diener는 인간의 인지적 요인과 정서적 요인의 관점에서 웰빙(Well-being)에 영향을 미치는 요인과 과정을 연구하였다. Diener(1984)는 인간의 행복은 객관적인 외부의 상황만으로 이해될 수 없는 개인의 주관적이고 의식적인 판단임을 강조하고 이러한 주관적 웰빙(안녕감)은 인지적 요인(삶의 만족)과 정서적 요인(긍정적 부정적 정서 경험)으로 구성되어 있으며, 삶에 대한 만족이 높고 긍정적인 정서 경험이 많으며, 부정적인 정서 경험이 적은 상태로 정의하였다(Diener, 1984). 이후 Diener(1985)는 주관적 웰빙(안녕감)의 인지적 요소(삶의 만족)를 측정하기 위해 외적으로 부여된 조건이나 기준이 아니라 자신이 설정한 기준에 근거하여 측정할 수 있는 '삶의 만족 척도(Satisfaction With Life Scale: SWLS)'를 개발하였다(Diener et al., 1985)(⟨표 3⟩ 참조).

더 나아가 Diener(2010)와 그의 동료들은 주관적 웰빙의 인지적 측면을 측정하는 플로리싱 척도(Flourishing Scale: FS)와 정서적 측면을 측정할 수 있는 정적 정서 및 부적 정서 척도(Scalenof Positive and Negative Experience: SPANE)를 개발하였다. 그는 플로리싱을 측정하기 위해 미국의 심리학자 Carol Ryff(1989)가 개발한 '심리적 웰빙 척도(Psychological Well-being Scale: PWBS)'를 보완하여 플로리싱 척도(Flourishing Scale: FS)의 개발을 시도하였다. 이러한 심리적 웰빙 척도에 기초하여 Diener(2010)는 8개 항목으로 구성된 '플로리싱 척도(FS)'를 개발하였다. 플로리싱 척도(FS)의 항목은 인간의 보편적 욕구와 관련이 있는 유능성(역량), 자기수용에 대한 기본적인 욕구와 성공적인 관계의 다양한 측면(다른 사람들과 보람 있는 관계를 맺고, 다른 사람들의 행복에 기여하며, 다른 사람들에게 존경받는 것)이 포함되어 있다(Deci & Ryan, 2000; Ryff & Singer, 2008; Diener et al., 2010).

Diener(2010)와 그의 동료들은 심리 사회적 측면에서 삶의 목적/의미, 긍정적 관계, 몰입, 사회공헌, 능력, 자아 존중, 낙관성, 사회적 관계와 같은 삶의 중요한 영역에서 개인이 스스로 인식한 플로리싱(번영)을 측정하는 척도를 제시하였다. 여기서 플로리싱은 높은 수준의 사회·심리적 번영을 나타내는 개념이며, 심리 사회적 번영(플로리싱)감을 측정하는 단일요인 척도로서 8문항과 각 문항에 대해 리커트(Likert) 7점 척도로 응답하도록 구성되었다. Diener(1985, 2010)와 그의 동료들이 개발한 전반적인 삶의 만족도를 측정하는 '삶의 만족 척도(Satisfaction with life scale, SWLS)'에서 사용한 항목과 높은 수준의 플로리싱을 측정하는 '플로리싱 척도(Flourishing Scale: FS)'에서 사용한 항목을 기술하면 〈표 3〉과 같다.

표 3 삶의 만족 척도(SWLS) 및 플로리싱 척도(FS)

구분	요인	항목
Diener et al.(1985) 삶의 만족 척도(SWLS)	삶의 만족	1. 대부분의 면에서 나의 삶은 나의 이상에 가깝다.
		2. 내 삶의 조건은 훌륭하다.
		3. 나는 나의 삶에 만족한다.
		4. 지금까지 나는 내 인생에서 원하는 것들을 얻었다.
		5. 만약 내가 내 삶을 계속 살 수 있다면, 나는 거의 아무 것도 바꾸지 않을 것이다.
Diener et al.(2010) 플로리싱 척도(FS)	삶의 목적/의미	1. 나는 목적이 있고 의미 있는 삶을 살고 있다.
	긍정적 관계	2. 나의 사회적 관계는 격려와 보람이 있다.
	몰입	3. 나는 나의 일상활동에 참여하고 관심이 있다.
	사회공헌	4. 나는 다른 사람의 행복과 웰빙에 적극적으로 기여한다.
	능력	5. 나는 중요한 활동을 하는 데 유능하고 능력이 있다.
	자아존중	6. 나는 좋은 사람이고 좋은 삶을 살고 있다.
	낙관성	7. 나는 나의 미래에 낙관적이다.
	사회적 관계	8. 사람들은 나를 존경한다.

출처: Diener et al.(1985: 72), Diener et al.(2010: 154-155)

2.4 Seligman의 관점에서 플로리싱: 웰빙(Well-being)

긍정심리학의 창시자인 미국의 심리학자 Martin Seligman은 인간의 행복한 삶에 대한 이해를 위해 긍정적인 심리적 측면에 접근하여 지속적인 행복한 삶에 대한 구성요인을 이론적으로 체계화하는 것을 시도하였다. Seligman(2011)은 인간의 궁극적인 행복을 포괄하는 '웰빙(Well–being)'이론을 제시하였는데, 쾌락적 웰빙(hedonic well–being)과 자기실현적 웰빙(eudaimonic well–being)의 통합적 관점에서 관계(Relationship)와 성취(Accomplishment) 요인을 추가한 지속적인 플로리싱(번영)한 삶을 위한 '웰빙(Well–being)'이론을 정립하였다. 그는 긍정심리학의 주제는 웰빙이고, 웰빙을 측정하는 최적의 기준은 플로리싱이며, 긍정심리학의 목표는 플로리싱을 높이는 것이라고 강조하였다(Seligman, 2011). 이러한 인간의 행복에 대한 이해와 이론적 근거를 바탕으로 Seligman(2011)은 플로리싱을 과학적으로 측정하고 관리할 수 있는 다섯 가지 요인을 포함한 PERMA 모형을 완성하였다. 이 모형에서 행복의 핵심 구성을 웰빙으로 변경하고 인간의 행복을 구성하는 기존의 세 가지 요인인 긍정 정서, 몰입, 의미에 관계와 성취의 2개 요인을 추가하였다. 이 요인들은 모두 개인의 성격 강점을 기반으로 하며, 자신의 강점을 적극적으로 활용하는 PERMA 요인을 지원함으로써 웰빙에 기여하는 것으로 간주한다(Seligman, 2002, 2011).

Seligman(2011)의 웰빙이론은 Butler와 Kern(2016)이 개발한 인간의 행복한 삶을 다차원적으로 측정하는 플로리시 척도(PERMA–Profiler)의 토대가 되었다. 이 척도는 PERMA 요인에 각각 3문항씩 총 15문항과 부정적 정서(Negative Emotion), 신체적 건강(Physical Health), 외로움(Loneliness), 종합적 행복감(Overall wellbeing)을 추가 하는 8개 문항을 포함하여 총 23문항으로 구성되었다(Butler, Kern, 2016)(〈표 4〉 참조).

플로리싱의 핵심 요소로서 PERMA 내용은 긍정적 정서, 몰입, 의미, 관계, 성취의 총 5개 요소로 구성되어 있다. 긍정적 정서는 집중력

표 4 Seligman의 플로리싱(번영) 구성 요인에 기반한 Butler & Kern(2016)의 플로리시 척도

구분		요인	항목
Butler & Kern (2016)의 플로리시 척도 (PERMA-Profiler)	Seligman (2002)의 진정한 행복이론 (목표: 삶의 만족도 증가)	긍정적 정서	1. 일반적으로 얼마나 자주 기쁨을 느끼십니까?
			2. 일반적으로 얼마나 자주 긍정적인 기분을 느끼십니까?
			3. 일반적으로 어느 정도 만족하십니까?
		몰입	4. 당신은 얼마나 자주 자신이 하는 일에 몰두하십니까?
			5. 일반적으로 당신은 얼마나 재미있고 흥미롭다고 느끼십니까?
			6. 당신은 얼마나 자주 시간 가는 줄 모르고 뭔가를 즐기십니까?
		의미	7. 일반적으로 당신은 어느 정도 목적이 있고 의미 있는 삶을 살아가고 있습니까?
			8. 일반적으로 당신의 삶 속에서 하는 일이 얼마나 가치 있다고 생각하십니까?
			9. 일반적으로 당신은 어느 정도 삶 속에서 방향감각을 갖추고 있다고 느끼십니까?
	Seligman (2011)의 웰빙이론 (목표: 플로리싱 증가)	관계	10. 당신이 필요할 때 어느 정도까지 다른 사람의 도움과 지지를 받습니까?
			11. 당신은 얼마나 사랑을 받고 있다고 느끼십니까?
			12. 당신은 대인관계에 얼마나 만족하십니까?
		성취	13. 얼마나 많은 시간 동안 당신의 목표를 성취하기 위해 나아가고 있다고 느끼십니까?
			14. 얼마나 자주 당신은 스스로 설정한 중요한 목표를 달성하십니까?
			15. 얼마나 자주 당신의 책임을 감당할 수 있습니까?
	Butler & Kern(2016)의 플로리시 척도에 추가 요인	부정적 정서	16. 일반적으로 얼마나 자주 불안감을 느끼십니까?
			17. 일반적으로 얼마나 자주 화가 나는 것을 느끼십니까?
			18. 일반적으로 얼마나 자주 슬픔을 느끼십니까?
		신체적 건강	19. 일반적으로 당신의 건강은 어떻습니까?
			20. 당신의 현재 신체 건강에 얼마나 만족하십니까?
			21. 당신은 같은 나이, 같은 성별과 비교할 때 얼마나 건강하십니까?

구분	요인	항목
	외로움	22. 당신은 일상생활 속에서 얼마나 외롭다고 느끼십니까?
	종합적 행복감	23. 모든 것을 종합해서 당신은 얼마나 행복하다고 말할 수 있습니까?

과 인지적 사고 과정을 증가시킬 뿐만 아니라 역량의 개발을 가능하게 하며, 신체적 및 정신적 웰빙에 장기적인 효과에 영향을 미칠 수 있다. 몰입은 긍정적인 기분과 안녕감과 관련되며 더 높은 삶의 만족도와 업무 만족이 동반하여 나타난다. 관계는 인간의 행복을 위한 중요한 자원을 제공하고 주관적인 안녕감으로 이어지며 일상에서 성과, 활력 및 학습 의지와 긍정적인 상관관계를 가진다. 삶의 의미는 안녕감을 예측하고 삶의 만족도와 긍정적인 상관관계를 맺고 있다. 마지막 요소인 성취는 동기 및 안녕감에 긍정적으로 연관되며, 삶의 만족도와도 긍정적인 상관관계가 있다. 종합적으로 Seligman의 웰빙이론에서 제시한 지속적인 행복한 삶을 위한 플로리싱 구성 요인을 기술하면 〈표 4〉와 같다.

2.5 플로리싱 개념 종합

각 연구자들에 의해 제시된 플로리싱(번영)에 대한 이해와 구성요소를 종합하면 대체로 긍정적인 관계, 몰입(Keyes: 관심), 삶의 목적과 의미, 성취(Keyes: 환경통제)라는 여섯 가지의 상이한 개념으로 제시되어 있다. 이 가운데 긍정적 정서가 대다수의 연구자를 통해 핵심적 요소로 다뤄지고 있고 자아 존중(자기수용)이 다수의 연구자에 의해 중요한 핵심 요소에 다뤄지고 있다. 학자별 관점의 차이와 관련하여 Keyes와 Diener는 플로리싱한 삶을 위해 사회적 기여 및 삶의 만족을 포함하였다. 특히 Keyes는 사회적 측면을 인간의 행복한 삶을 위한 중요한 관점으로 평가하고 사회적 기여, 사회적 통합, 사회적 성장, 사회적 수용, 환경통제를 플로리싱의 요소로 제시하였다. 이를 통해 Keyes는 인간의 사적 영역인 정서적, 심리적 측면과 공적 영역인 사회적 측면을 플로리싱의 중요한 요소로 규정하였다.

또한 Huppert와 그의 동료들은 플로리싱의 개념적 이해에 대한 새로운 접근법이 아니라 Keyes가 설명한 정신적 웰빙의 구성 요인을 기반으로 확장하였다. Butler와 Kern 그리고 Marsh는 기존의 학자들이 제시한 요소를 기반으로 다차원적 플로리싱 구성요소를 체계화하였다. 이를 통해 Butler와 Kern은 Seligman(2011)의 웰빙 이론에서 제시한 5가지 요소에 부정적 정서, 신체적 건강, 외로움, 종합적 행복감을 추가해 '플로리시 척도'를 위한 구성 요인을 구체화하였다. 또한 Marsh는 Huppert와 So(2013)가 제시한 기존의 10가지 웰빙 구성 요인에 명확한 사고, 자기수용, 자율성, 공감, 친 사회 활동을 추가하여 다차원적 웰빙 구성 요인으로 확장하였다. 연구자별로 제시된 플로리싱 개념을 종합하면, 플로리싱은 행복의 직접적 측면이라고 할 수 있는 심리적 영역을 중점적으로 다뤄지다가 사회적, 신체적 영역으로 내용이 확장된 것이다. 학자별 접근방식을 토대로 플로리싱에 대한 구성 요인들을 종합하면 〈표 5〉와 같다.

표 5 플로리싱(번영) 주요 개념 종합

구성요소	Keyes (2002, 2010)	Huppert 외 (2005, 2013)	Diener 외 (1985, 2010)	Seligman (2002, 2011)	Butler, Kern (2016)	Marsh 외 (2020)
긍정적 관계	Positive relationship	Positive relationship	Positive relationship	Relationship	Relationship	Positive relationship
몰입	Positive	Engagement	Engagement	Engagement	Engagement	Engagement

구성요소	Keyes (2002, 2010)	Huppert 외 (2005, 2013)	Diener 외 (1985, 2010)	Seligman (2002, 2011)	Butler, Kern (2016)	Marsh 외 (2020)
	affect (interested)					
삶의 목적과 의미	Purpose in life	Meaning	Purpose and meaning	Meaning	Meaning	Meaning
긍정적 정서	Positive affect (happy)	Positive emotion	-	Positive emotion	Positive emotion	Positive emotion
부정적 정서	-	-	-	-	Negative Emotion	-
성취(능력)	Environ-mental Mastery	Competence	Competence	Accomplish-ment/ Competence	Accomplish-ment	Competence
자아 존중 (자기수용)	Self-acceptance	Self-esteem	Self-acceptance and Self-esteem	-	-	Self-acceptance
낙관성	-	Optimism	Optimism	-	-	Optimism
사회적 기여	Social contribution	-	Social contribution	-	-	-
사회적 통합	Social integration	-	-	-	-	-
사회적 성장	Social growth	-	-	-	-	-
사회적 수용	Social acceptance	-	-	-	-	-
사회적 일관성	Social coherence	-	-	-	-	-
환경통제	Environ-mental mastery	-	-	-	-	-
개인적 성장	Personal growth	-	-	-	-	-
자율성	Autonomy	-	-	-	-	Autonomy
삶의 만족	Life satisfaction	-	Life satisfaction	-	-	-
정서적 안정	-	Emotional stability	-	-	-	-
활력	-	Vitality	-	-	-	-
탄력성	-	Resilience	-	-	-	-
신체적 건강	-	-	-	-	Physical	-

구성요소	Keyes (2002, 2010)	Huppert 외 (2005, 2013)	Diener 외 (1985, 2010)	Seligman 외 (2002, 2011)	Butler, Kern (2016)	Marsh 외 (2020)
					Health	
외로움	-	-	-	-	Loneliness	-
종합적 행복감	-	-	-	-	Overall wellbeing	-
명확한 사고	-	-	-	-	-	Clear thinking
공감	-	-	-	-	-	Empathy
친 사회 활동	-	-	-	-	-	Prosocial behavior

출처: Hone et al.(2014: 65), Blickhan(2017: 43-45)

3 플로리싱의 새로운 시선: 행복한 삶을 위한 역량으로서 플로리싱

3.1 지속적으로 행복한 삶을 위한 플로리싱 영역

행복한 삶이란 무엇인가? 우리는 어떻게 행복하게 살아갈 수 있을까? 급격하게 변화하는 사회에서 우리는 어떠한 위험 상황 속에서도 지속적으로 행복하게 살아갈 수 있는 역량이 필요하다. 이를 위해 인간의 진정한 행복한 삶을 위한 역량으로서 플로리싱 개념의 새로운 교육학적 접근이 가능하다.

행복한 삶을 위한 역량으로서 플로리싱에 대한 이해와 구성요소는 다차원적 특성을 가지고 있다. 개인 삶에서의 종합적인 안녕을 추구하는 개념으로서 공통적인 특성과 동시에 각 연구자가 추구하는 행복, 안녕감의 개념에 따라 상이한 특성을 나타내고 있다. 각 연구자의 플로리싱의 개념은 개인이 추구하는 삶의 목적과 의미에 따라 개인이 직면한 상황이나 상태에 대한 상이한 판단이 이뤄지며 이는 자신에 대한 판단, 자신의 성취에 대한 상이한 평가로 나타난다. 전체 연구자는 타인에 의한 평가, 외부 환경에 대한 종속적 태도가 아닌 자기 스스로 개인의 상황을 주도적으로 인식하는 가운데 삶을 계획하고 주어진 환경 내에서 스스로 환경을 통제하고 자율성을 추구하는 것을 중요하게 강조한다. 이러한 가운데 Seligman과 Keyes는 삶에 대한 긍정적 접근 태도는 상황에 대한 긍정적 판단을 넘어 주도적으로 행위할 수 있는 내적 역량을 발산할 수 있는 원천으로 작용한다는 측면에서 중요한 의미를 가지고 있는 것으로 평가했다. 이에 Keyes는 주어진 상황을 스스로 평가하는 가운데 가용할 수 있는 개인의 자원과 역량을 발휘하는 것을 플로리싱의 핵심 요소로 강조하였다. 이와 함께 개인이 처한 사회적 환경에 대한 인식 및 이해를 기반으로 개인 삶에서의 사회적 통합을 통한 성장을 개인 행복을 위한 요소로 평가하였다.

종합하면 개인의 행복한 삶을 추구할 수 있는 역량으로서 플로리싱은 삶에서의 심리적·정서적 측면뿐 아니라 사회적 측면을 포괄하는 다양한 내용으로 구성되어 있으며 동시에 외적 조건으로서 신체적 삶의 영역으로 구성할 수 있다. 이러한 플로리싱의 주요 내용은 개인의 의지와 판단에 따라 삶을 직접 계획하고 행동하는 데 필요한 영역으로서 자기 주도적 영역과 개인이 처한 환경에 대한 인지적 감정적 판단에 기반해 각 상황에서 가능한 행복을 추구하는 것과 관련된 정서적 영역으로 구분할 수 있다. 또한 자기 주도적 영역과 정서적 영역을 토대로 개인이 외부 환경에서 직면하는 사회적 삶을 영위하는 데 필요한 행위 및 판단역량과 직접적으로 관련된 사회적 영역과 개인의 행복을 추구하는데 필요한 물리적 영역을 구성하는 신체적 영역으로 구분할 수 있다. 영역별 플로리싱의 세부 영역과 세부 내용 요소를 체계화하면 〈표 6〉과 같다.

표 6 플로리싱의 영역별 내용 요소 체계

영역	세부 영역	세부 내용 요소
자기 주도적 영역	주도적 삶	1. 삶의 목적과 의미
		2. 삶의 만족
		3. 성취(능력)
		4. 종합적 안녕감(행복감)
	주도적 행위	5. 환경통제
		6. 자율성
		7. 명확한 사고
		8. 개인적 성장
정서적 영역	긍정적 정서	1. 긍정적 정서
		2. 자아 존중(자기수용)
		3. 정서적 안정
		4. 낙관성
		5. 몰입
		6. 공감
		7. 활력
	부정적 정서	8. 부정적 정서
		9. 외로움
		10. 탄력성
사회적 영역	외적 행위	1. 긍정적 관계
		2. 친 사회 활동
		3. 사회적 기여
	내적 행위	4. 사회적 통합
		5. 사회적 성장
		6. 사회적 수용
		7. 시회적 일관성
신체적 영역	신체적 상태	1. 신체적 건강

3.2 주체적으로 성장하는 삶을 위한 플로리싱 영역

__ 자기 주도적 영역

자기 주도적 영역은 자기 주도적 삶의 특성을 평가하는 내용이면서 동시에 개인의 심리적 웰빙을 보여주는 구체적인 사례로서 삶의 목적과 의미발견, 개인 삶에서의 성취와 능력에 대한 내용이다. 즉, 심리적 측면에서 개인 삶의 목적과 행위의 내용에 방향을 제시하는 토대로서 삶의 목적과 의미 그리고 이를 기반으로 삶에서 성취에 대한 측면이 중요하다. 이처럼 자기 주도적 영역에서 삶에 대한 주도적 삶의 측면은 자기 주도성을 제시하는 개념이다. 반면, 자기 주도적 영역의 외적 측면에서 주도적 행위의 내용이라고 할 수 있는 환경통제, 자율성, 구체적인 사고 등의 측면은 Keyes가 중요하게 강조하고, Marsh가 부분적으로 이를 강조한 이외에 다른 연구자를 통해서는 적극적으로 다뤄지지 않았다. 대체로 긍정적 정신건강 상태를 평가하는 요소로서 스스로 삶의 의미와 목적을 부여하고 삶에 대한 주도권을 가지고 살아가고 있는 상태 자체가 개인의 웰빙 상태를 보여주는 플로리싱의 중요한 구성 내용이다.

교육학적 관점에서 자기 주도적 영역의 내용 요소들은 대학 교육 현장에서 핵심역량 기반 학습자의 전인적 성장을 지향하는 교육을 실천하기 위한 구성요소이다. 반면, 학습자의 주도적 행위에 기초가 되는 자율성, 환경통제, 명확한 사고 요소는 자기 주도성 발달과 전인적 가치 형성에 매우 중요한 요소임에도 불구하고 주도적 삶의 내용인 성취(능력) 요소에 비해 강조되지 않았다. 이러한 측면에서 플로리싱에서 결과를 넘어서는 과정 측면이 중요한 의미를 가지고 있다는 것을 고려할 때 자율적 계획 및 통제 등의 내용이 중요하게 다뤄져야 할 것이다. 다른 한편, 자기 주도적 영역의 확대를 위해 대학 교육에 대한 비판 중 한 가지인 학습 성과(결과) 중심의 교육이 아닌 개인의 내적 인지적 성장 과정을 추구하는 자기 주도적 역량을 함양할 수 있는 인간(인성)교육이 요구된다. 이를 통해 외부의 평가, 판단을 넘어 주체적 관점에서 삶을 계획하고 실행하는 가운데 만족감과 성취감을 추구할 수 있게 하는 것이 필요하다.

▬ 정서적 영역

플로리싱의 구성 내용으로 정서적 영역이 전체 연구자를 통해 가장 중요하게 강조되었는데 대체로 개인을 둘러싼 외적 내적 상황에 대한 자기 자신의 평가 및 판단에 기반해 행위를 하는 데 필요한 기본 토대가 되는 내용이다. 긍정적 정서, 긍정적 자기수용 그리고 이러한 정서에 기반해 삶에서 이뤄지는 특정 영역에 집중적인 행위를 하는 가운데 최상의 행복감을 느끼는 상태를 의미하는 몰입이 중요하게 강조되었다. 대체로 긍정적 정서 측면은 정신건강의 긍정적 측면을 보여주는 플로리싱의 핵심 내용으로서 공통으로 중요하게 다뤄졌다. 이처럼 개인의 정서적 안정을 평가하는 요소로서 긍정적 정서 측면이 전체 연구자를 통해 중요하게 강조되었지만, 개인의 행복감에 영향을 미치는 부정적 정서의 경험 빈도에 대한 부분은 제한적으로 다뤄졌다. 특히 Diener가 언급하고 Butler가 플로리싱의 측정 개념으로서 부정적 정서, 외로움 등을 제시한 이외에 다른 연구자들은 이를 다루지 않았다. 종합적으로 정서적 안녕의 측면에서 긍정적 사고, 태도, 행위 경험이 중요하게 다뤄지면서 이와 반대되는 측면이라고 할 수 있는 부정적 정서, 불안정의 측면은 플로리싱의 평가 내용으로 제한적으로 다뤄졌다.

정서적 영역의 내용 요소들에 대한 깊은 이해는 학습자의 행복한 삶을 위한 역량으로서 플로리싱에 대한 새로운 교육학적 접근을 가능하게 한다. 학습자의 일상생활 또는 학습 환경에서 긍정적 정서와 부정적 정서가 함께 공존하는 상황에서 학습자가 긍정적 정서뿐만 아니라 부정적 정서를 모두 인식하고 성공적인 학습활동을 수행할 수 있도록 심리적 원동력으로 기능할 수 있게 하는 것이 중요하다. 따라서 긍정적 정서뿐만 아니라 부정적 정서 측면이 더욱 체계적으로 다뤄지는 가운데 오히려 부정적 정서가 플로리싱을 위한 기반으로 활용될 수 있게 하는 새로운 시도가 필요하다. 또한 학습자의 학업 과정에서 영향을 주는 중요한 내재적 원동력인 탄력성은 학업 관련 과제 수행을 위해 학습전략을 주체적으로 구성하고 실천할 수 있는 핵심 요소임에도 불구하고 정서적 영역의 내용으로 다뤄지지 않았다. 이에 부정적 정서 상황에 대한 새로운 해석 및 이해, 그에 적합한 행위를 통해 상황을 적극적으로 반전시킬 수 있도록 회복탄력성을 정서적 영역의 내용으로 다루는 것이 필요하다. 이를 통해 학업 등의 다양한 상황에서 직면하는 경험에 적절히 대응할 수 있는 역량을 키우게 하는 것이 중요하다. 이에 대학 교육 현장에서 학습자가 어려움을 극복하고 성공적인 경험을 많이 할 수 있는 체험학습과 학습자의 신체적, 지적, 정서적 근원을 움직이게 하는 개인의 능력에 대한 신념인 학업적 자기효능감을 증진시킬 수 있는 플로리싱 교육이 요구된다.

3.3 사회적으로 공존하는 삶을 위한 플로리싱 영역

__ 사회적 영역

사회적 영역에서는 개인의 플로리싱에 기여하는 인간관계, 사회적 활동과 같은 외적 측면 그리고 사회관계 측면을 포괄적으로 평가하는 긍정적 관계가 전체 연구자를 통해서 강조되었다. 특히, Keyes는 개인이 속해있는 공동체의 번영이 개인의 플로리싱에 중요한 영향을 미친다고 제시하면서 사회적 관계 측면을 강조하였다. Diener 또한 긍정적 대인관계와 같은 사회적 측면이 개인의 삶에 대한 주관적인 만족도 평가에서 중요하게 다뤄져야 한다고 언급하였지만, 다른 연구자들은 대체로 사회적 측면보다는 개인의 행복감 측면에서 개인의 관계 측면을 강조하였다. 사회적 영역에서 외적 행위에 기반한 자신의 평가에 해당하는 측면이라고 할 수 있는 내적 행위 측면은 주로 Keyes를 통해 다뤄졌다. 다른 연구자들은 긍정적 관계 측면을 강조한 것 이외에 내적 행위 측면은 구체적으로 중요하게 다루지 않았다. 종합적으로 플로리싱에서 사회적 영역은 개인의 관계 측면에서 Keyes에 의해서 제한적으로 다뤄진 것으로 볼 수 있다.

인간(학습자)의 학습행위는 세계(사회)와의 상호작용을 통하여 사회참여를 가능하게 한다. 사회라는 공동체 공간은 학습자에게 다양한 학습 참여의 기회를 제공할 뿐만 아니라 자아실현의 기회를 제공하는 특성을 가지고 있다. 인간은 개인이 속해있는 사회적 환경 속에서 학습행위를 통하여 자신에게 주어진 사회적인 행위능력을 확장한다. 이러한 측면에서 내적 행위 요인들은 개인이 사회라는 공동체 공간에서 타인과 더불어 잘 살아가기 위한 핵심역량으로서 의미가 있다. 즉, 사회적 수용요인은 개인이 일상생활에서 자신과 타인과의 관계를 이해하고 사회적 규범을 수용할 수 있는 공동체 지향적 인간상 형성에 기초가 되는 요인으로 여겨진다. 따라서 플로리싱 영역에서 개인과 사회와의 관계 형성, 사회적 의미부여 등과 같은 요소가 사회적으로 공존하는 삶을 위한 플로리싱 세부 내용으로 강조되어야 한다. 또한 이러한 공동체 지향 가치의 개발을 위해 개인 단위의 학습활동을 넘어 대학 교육 현장에서 인간(개인)과 공동체의 관계, 사회와 문화적 질서에 대한 이해를 학습할 수 있는 교육과정 및 교수학습 환경을 제공하는 것이 필요하다.

■ 신체적 영역

신체적 영역에서는 개인의 플로리싱에 영향을 주는 세부 내용 요소로서 신체적 건강이 Butler와 Kern에 의해서 제시된 것 이외에는 다른 연구자를 통해서는 다뤄지지 않았다. 플로리싱 개념을 통해 측정되는 정신적 웰빙의 측면에서 Keyes는 신체적 건강이 개인의 웰빙에 중요한 영향을 미친다는 의견을 제시하였지만, 플로리싱에 대한 평가 측면에서는 신체적 영역에 대한 내용 요소는 제시되지 않았다. 이를 통해 플로리싱이 대체로 심리 정서적 영역의 측면에서 주로 다뤄지고 있고, 이에 영향을 주는 사회적 영역 측면이 부분적으로 다뤄지는 가운데 신체적 영역에 대한 내용은 제대로 다뤄지지 않는 것으로 여겨진다.

교육학적 맥락에서 유아기에서 노년기에 이르기까지 인간의 지속적인 행복한 삶을 위해 신체적 건강은 매우 중요한 요인이다. 하지만 대부분의 학자들이 신체적 건강을 중요한 요인으로 제시하지 않은 것은 연구대상자들의 사회문화적 배경이 영미권에 집중되어 있어 행복에 대한 인식이 주로 정신적, 정서적 측면에서 다뤄졌다. 따라서 심리 정서적 영역을 넘어 삶의 행복을 위한 기본 조건으로서 신체적 영역에 대한 세부 내용이 더 구체적으로 다뤄져야 할 것이다. 이를 통해 개인의 전체 삶의 행복에 영향을 미치는 신체적 상태의 측면이 더욱 세부적으로 다뤄질 수 있게 하는 것이 필요하다. 또한 국가별 시대적, 사회적, 문화적 특성과 행복에 대한 인식의 차이를 고려하여 통합적인 이해를 제고하는 것이 필요하다.

4 마무리

지금까지 주요 학자별 플로리싱 개념을 분석하고 행복한 삶을 위한 역량으로서 플로리싱 내용 요소를 체계적으로 범주화함으로서 교육학적 맥락에서 플로리싱 개념의 활용을 위한 논의를 제시하였다. 이에 플로리싱 개념의 교육학적 접근은 경쟁과 지식 중심의 학습 환경이 아닌 즐거움과 자기 번영을 위한 교수학습 환경을 만드는 것이며, 궁극적으로 개인의 전인적 성장을 지향하는 교육 패러다임을 가능하게 한다. 먼저 플로리싱에 대한 학자별 이해를 종합하면, 플로리싱 개념은 행복, 웰빙 이론을 토대로 하는 긍정심리학에서 도출된 개념으로 다양한 대상자의 행복 수준, 심리적 행복 수준을 평가하는 측정 도구로 활용되고 있다. 개인이 행복감을 누리며 살고 있는가를 판단하는 주관적 상태로 파악함으로써, 플로리싱은 하나의 고정된 개념이 아닌 변화하는 상태를 나타내는 개념이다. 이에 삶의 행복을 의미하는 만족도 측면에서 인간의 지속적인 긍정적 상태를 나타내는 개념으로 다뤄지고 있다.

다음으로 플로리싱 구성요소의 세부 내용을 범주화하면, 인간의 지속적인 행복한 삶을 위한 플로리싱의 주요 내용은 크게 네 가지(자기주도적, 정서적, 사회적, 신체적) 영역으로 구분할 수 있다. 이를 통해 플로리싱의 구성요소는 심리적, 정서적 측면뿐 아니라 사회적 측면을 포괄하는 다양한 내용으로 구성되어 있으며 동시에 외적 조건으로서 신체적 삶의 영역을 포함한다. 따라서 플로리싱 개념을 활용하는 과정에서 심리적, 정서적 영역을 넘어 사회적, 신체적 영역 내용을 적절히 활용하는 것이 필요하다. 구체적으로 플로리싱 개념의 자기주도적 영역, 정서적 영역, 사회적 영역, 신체적 영역이 전체 플로리싱에서 가지고 있는 개별적 의미와 각 영역이 상이한 영역과의 관계, 연관성의 측면에서 가지고 있는 비중에 대한 체계적인 분석과 고찰이 중요하다. 즉, 다양한 삶의 영역에서 개별적으로 혹은 상이한 영역과의 연계 속에서 기능하는 플로리싱의 역할을 체계화하여 플로리싱의 각 영역이 개인이 처한 상이한 상황에 적합한 방식으로 기능할 수 있게 하는 것이다. 이를 통해 삶의 다양한 상황에서 행복한 삶의 기반으로서 기능하는 데 필요한 역량으로서 플로리싱에 대한 교육학적 접근이 가능하다.

교육학적 관점에서 행복한 삶을 위한 역량으로서 플로리싱은 인간의 삶은 고통과 행복이 공존할 수밖에 없는 불가피한 상황에서 학습자가 긍정적인 감정과 부정적인 감정을 모두 인식하고 수용하여 성공적인 학습활동을 수행할 수 있도록 유도하는 심리적 원동력으로서 중요한 의미를 가지고 있다. 이에 플로리싱 주요 내용은 학습자의 전인적 성장과 발달을 위한 핵심적 요인의 특성을 가지고 있으며 교육학적 측면에서 다양한 활용 가능성을 가지고 있다. 이러한 측면에서 심리 정서적 영역을 넘어서는 사회적 신체적 영역을 포괄하는 전체 영역의 세부 내용을 전인적 접근을 통해 인간의 성장, 행복, 발전을 추구하는 학교

교육을 비롯한 제반 교육 경험에서 더욱 체계적으로 다루는 것이 필요하다. 이를 위해 개인의 전인적 성장을 위한 이해, 태도 및 행위 역량의 함양을 목표로 하는 교육과 플로리싱 개념을 적극적으로 활용하는 것이 요구된다.

마지막으로 교육학 담론에서 플로리싱에 대한 논의는 주로 영미권 학자들을 중심으로 행복 이론에 기반해 플로리싱 개념을 제시하고 있는데 사회문화적으로 상이한 특성이 있는 영미권의 관점에서 플로리싱을 다루었다는 측면에서 제한점을 가지고 있다. 따라서 플로리싱 개념의 다차원적인 교육학적 활용을 위해 우리나라를 비롯한 아시아권 학자들과 유럽권 학자들의 플로리싱 담론을 분석할 필요가 있다. 또한 국내 교육학 분야 연구에서는 주로 특정 학자의 플로리싱 척도를 번안하여 사용하는 경향이 나타나고 있는데 인간 고유의 특성과 사회적 상황을 종합적으로 고려하는 가운데 우리나라의 사회적, 문화적, 경제적 상황을 고려한 플로리싱 개념과 그에 기반한 평가 척도를 개발하여 활용하는 것이 필요하다.

📖 참고문헌

주현정·강구섭 (2022). 행복한 삶을 위한 역량으로서 플로리싱(Flourishing) 내용 비교 연구. **교양교육연구**, 16(5), 349−367.

Aigner, L. (2015). *Wohlbefinden im organisationalen Kontext: Überprüfung und Anwendung des PERMA−Modells*, Universität Wien: Masterarbeit.

Butler, J., & Kern, M. L.(2016). The PERMA−Profiler: A brief multi− dimensional measure of flourshing. *International Journal of Wellbeing*, 6(3), 1−48.

Deci, E. L. & Ryan, R. M. (2000). The 'What' and 'Why' of Goal Pursuits: HumanNeeds and the Self−Determination of Behavior. *Psychological Inquiry*, 11 (4), 227−268.

Diener, E., Emmons, R. A., Larsen, R. J., & Griffin, S. (1985). The sat− isfaction with life scale. *Journal of personality assessment*, 49(1), 71−75.

Diener, E. (1984). "Subjective well−being", *Psychological Bulletin* (95), 542−575.

Huppert, F. A. & So, T. C. (2013). Flourishing Across Europe: Application of a New Conceptual Framework for Defining Well−Being. *Social Indicators Research*, 110 (3), 837−861.

Huppert, F. A. & Wittington, J. E. (2005). *Positive mental health in in− dividuals and populations. The science of well−being*, New York: Oxford University, 307−340.

Keyes, C. L. M. (2007). Promoting and protecting mental health as flour−

ishing: A complementary strategy for improving national mental health. *American Psychologist*, 62(2), 95−108.

Keyes, C. L. M. (2005). Mental illness and/or mental health? Investigating axioms of the complete state model of health. *Journal of consulting and clinical psychology*, 73 (3), 539.

Keyes, C. L. M. (2002). The Mental Health Continuum: From Languishing to Flourishing in Life. *Journal of Health and Social Behavior*, 43(2), 207.

Keyes, C. L., & Lopez, S. J. (2002). *Toward a science of mental health*. Oxford handbook of positive psychology, 45−59.

Marsh, H. W., Huppert, F. A., Donald, J. N., Horwood, M. S., & Sahdra, B. K. (2020). The well−being profile (WB−Pro): Creating a theoret−ically basedmultidimensional measure of well−being to advance theory, research, policy, and practice. *Psychological Assessment*, 32(3), 294−313.

Momtaz, Y. A., Hamid, T. A., Haron, S. A., & Bagat, M. F. (2016). Flourishing in later life. *Archives of gerontology and geriatrics*, 63, 85−91.

Ryff, C. D. & Singer, B. H. (2008). Know thyself and become what you are: Aeudaimonic approach to psychological well−being. *Journal of Happiness Studies*, 9(1), 13−39.

Ryff, C. D. (1989). Happiness is everything, or is it? Explorations on the meaning of psychological well−being. *Journal of Personality and Social Pychology*, 57, 1069−1081.

Seligman, M. E. P. (2002). *Authentic Happiness*, New York: Free Press.

Seligman, M. E. P. (2011). *Flourish. A visionary new understanding of happiness and well−being* (*1. Aufl.*). New York: Free Press.

'거짓된 삶' 속 플로리싱 교육

홍은영

1 들어가기

최근 여러 시도교육청에서 "질문이 있는 교실, 행복한 학교", "학생이 행복한 학교"와 같은 교육슬로건을 제시하고 교육목적으로서 '행복한 학교생활' 또는 '행복교육'을 추구하고 있다. 이와 관련하여 최근에는 "혁신학교"라는 말이 학교교육의 실제를 점유하고 있다. 이러한 교육개혁은 '학생 맞춤형 교육', '자기 주도적 학습', '리더십', '창의성', '자율적인 교육과정 편성 운영' 등과 같은 현란한 수사를 동원하여 기존의 획일화된 교육에 거리를 두고 있다. 즉, '혁신'과 '개혁'의 미명 하에 종래의 주입식 교육이 아닌 학생 스스로 계획하는 능동적 활동을 촉진하는 교육을 지향하고, 각각의 학생을 위한 차별화된 교육을 시도하고 있다. 이처럼 '혁신'과 '행복'이라는 말은 규범적 교육 이념이자 교육의 이상적인 목표로서 사용되고 있다.

이 맥락에서 최근 학교교육의 새로운 패러다임으로 학교 공동체의 번영과 학생의 플로리싱(flourishing) 증진을 위한 긍정교육이 부각되고 있다(추병완, 2019). 플로리싱 교육 혹은 긍정 교육은 질병 모델에 터한 기존의 심리학 패러다임을 전환하여 인간이 가진 성품 강점과 덕에 초점을 둔 긍정심리학의 연구 결과를 교육적으로 적용하고자 한다(추병완, 2019). 행복 관련 이론들은 사람들이 가능한 한 행복한 삶을 살 수 있도록 돕기 위해 고안되고 있다. 행복 이념을 스스로 요청하는 학교교육이 학생들에게 학업 기술뿐만 아니라 행복을 위한 기술을 가르치고, 학생의 잠재력을 실현할 수 있는 세상을 만들기 위해 노력한다면(추병완, 2019) '언젠간 잘 될(행복할) 것이다'라는 희망을 약속한다.

그러나 유의해야 할 점은 자본주의 안에서 교육의 내적 모순이 행복을 요청하는 학교 개혁의 구상에 자연스럽게 흡수되고 있다는 것이다. 여기서 말하는 교육의 내적 모순이란 교육과 권력의 얽히고설킨 관계에 주목한다. 볼탕스키와 시아펠로의 연구(2001)에 의하면, 예술적 비판에 내포된 개인적 자유와 창조성에 대한 요구가 오늘날 기업전략으로 흡수되고 있다. 그들은 특히 서비스 분야의 수익 증대를 위해 "혁신적, 상상적 자원의 착취"가 일어나고 있다고 지적한다(Boltanski & Chiapello, 2001).

행복 개념은 현재 공적으로 호황을 맞고 있다. 요즘 행복과 관련하여 예를 들어 "욜로"(자신의 현재에 충실하며, 지금의 행복에 집중하는 사람들을 말함), "소확행"(소소하지만 확실한 행복), "워라밸"(일과 삶의 균형), "웰빙"과 같은 다양한 용어들이 사용되고 있다(김기민, 2018). 행복이라는 말은 먼저 일상생활에서 경제적 요인, 사회적 요인, 정치적 요인, 예를 들어 여유, 성취, 명예, 재산, 권력에 대해 개인이 갖는 심리적 만족감을 연상하게 한다(김정래, 2022).

필자는 독일 유학 시절 두 달 동안 어느 회사의 비서로 아르바이트를 했다. 그때 인상 깊었던 점은, 야근은 거의 없고 대부분 독일 사람들은 8시간 근무를 하고 자기 출근시간에 맞춰 퇴근도 조절해서 한다는 것이다. 또한 주말 근무는 극히 드문 일이다. 심지어 회사 직속 상사보다 비서가 늦게 출근하는 경우도 많았다. 물론 거리에서 비즈니스 서류 가방을 들고 피로한 모습으로 늦게 퇴근하는 모습도 종종 볼 수 있다. 독일은 개인 사생활을 중요시하는 나라로서 1년에 30일 휴가는 개인의 생활패턴과 선호도에 따라 유연하게 사용할 수 있다. 30일을 한 번에 보낼 수도 있고, 휴가기간을 1년에 나누어서 즐기지만 해고 걱정은 하지 않는다는 말이다. 온갖 화려하고 세련된 세상에서 바쁘게 살아가는 동안 공허함을 느낄 수 있는데, 독일 사람들은 근무 시간 외에는 자신이 하고 싶고 기분 좋아지는 일을 하며 자기 자신과 관계하는 일을 하는 것이다. 과연 진정한 행복이란 무엇일까? 행복한 삶이란 만족스러운 삶, 성공적인 삶을 말할까? 행복은 어디에 있을까?

행복 개념은 일상생활에서 대개 개인의 주관적인 감정(만족, 기쁨, 즐거움, 안녕감)상태로 이해되고 있다. 이러한 행복 개념에 기반을 둔 행복 연구는 사람들이 사회적 조건과 무관하게 개인적 행복을 어떻게 찾을 수 있는지에 대한 답을 구하고자 한다. 그러나 이러한 관점은 행복 개념을 개인의 내면성으로 축소해서 파악하게 한다. 베스트셀러 목록에 포함된 행복을 처방하는 행복 상담사와 같은 책과 행복한 삶을 위한 전문서적도 최근의 행복 연구가 지향하는 바를 뚜렷하게 보여주고 있다.

또한 개인의 주관적 측면을 넘어 행복을 객관화가 가능한 정량적 지수로 설명하려는 행복 연구도 존재한다. 세계 여러 나라 사람들의 주관적인 행복감을 단순히 파악하려는 수많은 통계가 있다. 이러한 접근 중 하나는 행복을 인간 뇌 신경생리학적 과정으로 축소해서 이해하는 것이다(이재구, 2014). 예를 들어 "뇌를 알면 행복이 보인다"(이승헌, 신희섭, 2006)라는 제목에서 알 수 있듯이, 현대 뇌 과학과 뇌 교육은 뇌파를 측정하여 인간이 언제 어떤 상황에서 가장 행복한지 그리고 가장 불행을 느끼는지를 통계를 통해 제시하고 있다. 이는 행복이 화학적으로 전송되는 신호이기 때문에 근본적으로 영구적이지 않다는 것을 보여준다.

대부분의 사람들은 행복을 위해 스스로 결정하고 그 결정에 따라 삶을 살기만 하면 된다고 생각할 수 있다. 그러나 엄격한 의미에서 행복을 방해하는 객관적 조건에 대한 비판은 논의에서 제외되고 있다. 가령, 문화산업은 행복에 대한 거짓 약속으로 작동되고 행복을 기만하기도 한다. 독일 사회철학자 아도르노에 의하면, 행복은 그 자체로 나눌 수 없고, 행복의 특수성은 행복 개념 자체를 부정하지만 변증법적으로 사유해야 한다는 것이다. 아도르노에게 행복이란 진리와 자유이다. "진리에 적용되는 것과 비슷한 것이 행복에도 적용된다. 사람은 그것을 가지는 것이 아니라 그 안에 존재하는 것이다"(Adorno, 1951/2016, p.152). 그에 따르면, 진리는 올바른 사회 상태를 뜻하고, 사회의 올바른 상태는 넓은 의미에서 행복의 전제 조건이다. 행복은 예를 들어 현존하는 것보다 나은 것으로 비동일적인 것과의 미메시스적 연결을 유지하는 신체적 계기를 따름으로써 도달할 수 있는 것이다. 아도르노는 기존의 것에 대한 비판을 통해서만 희망과 모든 사람의 행복이 존재한다고 보았다. 실패한 근대 계몽주의 역사를 성찰해보면, 바로 이 역사가 이제 긍정적인 결과를 낳고 있다고 진단하는 것은 문제적이다. 따라서 행복은 사회적으로 인정된 것, 현실화된 것에 부합하지 않는 모든 경험과 행동방식에서 찾을 수 있다. 이는 불행을 구체적으로 명명하는 가운데 행복의 의미를 찾을 수 있음을 강조하는 것으로 해석할 수 있다. "불행의 의식, 즉 보편적 불행과 그로부터 분리될 수 없는 개인적 불행의 의식을 목표로 삼아야 하며, 인간의 내부에서 혐오스러운 질서가 생명을 유지하도록 만드는 가상적 만족을 빼앗아야만 (...) 할 것이다. 거짓된 만족에 신물이 나고 제공된 것에 역겨움을 느끼며 행복이 있는 곳에서 행복은 충분하지 않다는 예감을 할 때 (...) 무엇을 '경험'할 수 있는가에 대한 생각이 싹틀 것이다"(Adorno, 1951/2016, p.90). 아도르노에게 기존의 것에서 가능한 행복 경험은 근본적으로 돌이켜보면 행복의 순간으로만 인식되는 것들이다. 삶의 연속성과 정상성에서 벗어나는 측면도 아도르노에게 행복 경험의 가능성에 절대적으로 필요하다.

이 글은 학교 교육 개혁을 위한 다양한 시도들이 이뤄지고 있는 현 상황에서, 개인과 공동체의 번영을 뜻하는 플로리싱 용어의 교육적 의미를 생각해보고자 한다. 이를 위해 먼저 전통 철학의 행복론을 간단히 살펴보고, 20세기 초 독일 개혁교육학과 푸코의 이론을 통해 플로리싱한 삶과 교육의 (불)가능성에 대해 논의해본다.

2. 행복 개념의 이해

2.1 아리스토텔레스의 행복 개념

철학사에서 고대부터 행복은 일반적으로 인간 삶의 가장 높은 목표 중 하나로 여겨져 왔다. 그 이후로 철학은 행복한 우연이나 순간적인 즐거운 감정 상태나 쾌락과 달리 주로 삶 전체에서 이뤄져야 할 지속적인 만족을 의미하는 행복의 개념에 기반을 두고 있다. 잘 알려져 있듯이, 전통 철학에서 행복의 의미는 아리스토텔레스의 관점으로 소급된다. 아리스토텔레스 사유는 모든 존재(물질)는 그 존재에 본래적으로 주어진 목적(형상)을 스스로 지니고 있다는 목적론적 관점에 입각한다. 개별적 실체들은 형상을 향해 그 잠재적 가능성을 실현해간다는 점에서 존재의 의의를 갖는다.

이런 점에서 행복한 삶이란 바로 자기 자신에게 함유된 고유한 잠재 능력을 최상으로 발현한 상태를 뜻한다. 아리스토텔레스는 인간이 추구하는 여러 목적들 중 최고선이 바로 행복임을 강조한다. "행복은 최상의 좋음(최고선)이다"(Aristotels, 1894/2006, p.29). 이때 아리스토텔레스가 말하는 개별적 존재자로서 인간의 가능성은 세 가지로 볼 수 있는데, 그것은 인간에게 주어진 본성(physis), 사회적 습관(ethos)과 이성적 본성으로서 정신(logos)이다. 이 세 요소는 행복의 필수 요소를 구성한다.

이렇게 보면, 교육은 이러한 행복한 삶을 영위할 수 있도록 인간의 자기 형성을 이끄는 활동으로 이해된다. 행복은 모든 삶의 궁극적인 목적이다. 아리스토텔레스가 보기에 행복한 삶을 위한 교육이란 인간의 자연적 소질을 바탕으로 습관에 따라 덕을 함양하고 정신적으로 관조하는(이론적) 삶이 실천적 삶 속에서 실현될 수 있도록 이끌어 주는 실천이다. 요컨대 행복은 최고선을 추구하는 데 있고, 최고선은 덕을 실천하는 생활에 있다고 보았다. 아리스토텔레스에게 행복한 삶을 위한 교육은 인간의 잠재 능력을 최상으로 펼쳐 공동체 안에서 고유한 삶을 영위하도록 이끄는 데 그 목적이 있다.

2.2 행복은 과연 가르칠 수 있는 것인가?
- 독일 윌리 헬파 학교의 "행복" 교과목[1]

2007년 독일 하이델베르크의 윌리 헬파흐(Wily-Hellpach)라는 학교는 "행복"이라는 과목을 도입했다. 기존의 학교 교육과정에 행복 과목을 개설한 이 학교는 삶의 역량과 기쁨, 학생들의 인격 형성을 촉진하고 학생들의 행복한 학교생활을 실현하고자 하는 것을 주요 과제로 삼고 있다. 특히 학교 공동체에서 행복과 안녕을 위한 자신의 가능성을 계발하는 것이 얼마나 중요한지를 매개한다. 이것은 학생들의 안녕을 어떻게 촉진할 수 있는가의 물음과 관계한다. 행복한 학생이 창조적이고 더 쉽게 배우고 삶에서 진정으로 중요한 것을 알게 된다는 것이다. 실천적 차원에서 행복 과목은 학생들이 신체와 마음의 건강을 강화하기 위해 인식과 체험의 다채로운 논쟁을 제공해 줄 수 있다.

윌리 헬파흐 학교 이념에 따르면, 인간은 자신의 삶에서 의미를 찾고 이웃과 자연을 소중히 여기는 삶의 주체이다. "행복"과목은 성공적인 삶의 설계에 방향이 설정되어 있다. 나의 삶을 형성하기 위해, 자신의 강점과 자원을 의식해야 한다. 자신의 삶의 목표를 설정하고, 목표의 의미를 높일 수 있고 이때 나의 감정을 정확하게 느끼고 선취하다. 그 다음 내가 무엇을 하려고 하는지 하지 않으려고 하는지 그것이 나에게 어떤 의미가 있는지를 결정한다. 계획을 세우고 자원을 분배하고 계획을 실천하는데 스스로 동기 부여하는 것을 배우고 불안과 대응하고 그것을 진정시키는 법을 배우게 된다.

학생들은 자기 자신에 대해 지각하고 자신의 감정을 조절하게 된

---

[1] https://www.fritz-schubert-institut.de/schulfachglueck(검색일: 2022.12.05)

다. 이를 통해 학생들은 심리적, 신체적 장애물을 극복하는 것과 집단을 자의식과 사회적 역량으로 배운다. 이때 학생들은 자신의 강점을 이용하고 새로운 능력을 전유하고 집단을 힘의 원천으로 인식한다. 그들은 자신, 동료 인간, 우리의 자연 본성에 대해 책임을 지는 법을 배우고 삶이 행복의 순간으로만 구성되지 않을 뿐만 아니라 우리에게 도전이되고 모든 위기가 재앙을 의미하지 않는다는 것을 배운다.

앞서 말한 "행복" 과목을 창안하고 과학적으로 검증한 에른스트 프리츠-슈베르터(Ernst Fritz-Schubert) 연구소의 연구결과에 따르면, 학생들이 자신의 신뢰감, 자아 개념 개발 및 삶의 의미를 찾는 것이 증가했다. 내적 안녕으로서 행복의 근본 조건은 안락함과 건강한 자의식(자신감)이다. 긍정 심리학은 약점, 손상에 초점을 두지 않고, 긍정적인 것에 증진시키고자 한다. 실제적으로 삶에 가까운 교과목에서 학생들의 주관적 안녕의 증가뿐만 아니라, 자기 효능감 개선, 긍정적 태도와 견해를 매개하고 학생들의 개성을 강화시킬수록 신체적, 정신적, 사회적 안녕의 기회에 도달하는 것이 커졌다. 이처럼 윌리 헬파 학교는 학생들의 행복을 증진하기 위해 학생들이 단순한 즐거움뿐만 아니라 삶의 전체의 맥락에서 새로운 도전에 맞서 의미 있게 삶을 전개하는 것을 지향하고 있음을 확인할 수 있다.

그러나 교육목표로서 명확하게 확정할 수 없는 행복한 삶의 개념은 직접적으로 획득할 없는 능력이자 기술이다. 행복은 기술, 지식도 아니며 특정 견해와 삶의 태도와 동일시할 수 없다. 요컨대 행복은 결코 "learning outcome"이 아니다(Timo, 2014). 물론 교육이라 칭해지는 모든 행위와 현상은 필수 불가결하지만, 학교 제도와 같은 외부는 각 개인의 행복에 직접적으로 영향을 미칠 수 없다. 교육자는 행복 기술을 통해 학생의 행동과 주관적 상태를 과학적으로 만들어 낼 수 없는 점을 상기할 필요가 있다. 배움을 포함하는 모든 교육활동은 단순히 인과관계로 파악할 수 없는 인간 삶과 성장의 총체적 현상을 담고 있기 때문이다. 또한 개개인의 삶의 설계를 실현하는데 방해가 되는 객관적 제한과 사회적 불이익 역시 타파되어야 할 것이다.

3 독일 개혁교육학을 통해 본 행복 교육의 가능성과 한계

3.1 20세기 초 독일 개혁교육학[2]

개혁교육학이라는 개념에는 19세기 후반부터 20세기 초까지 독일에서 전개된 수많은 교육 이론과 운동 또는 실천이 포함되어 있다. 개혁교육 운동의 역사적 성립 배경은 고도의 산업화와 밀접하게 관련이 있다. 자동화된 생산 과정, 높은 전문성과 산업 대량 생산에 입각한 대중 소비를 바탕으로 한 산업화된 사회로의 생활 조건의 변화는 교육에 변화된 요구를 생산하였다. 산업사회가 인간 생활과 성장에 미치는 영향력이 개혁교육학의 주요 동기였기 때문에, 개혁교육학을 단지 교육 이론으로 축소해서는 안 된다. 개혁교육학은 현대사회의 소외 현상을 분석하고 전통적 교육학의 대안을 제시하고 있다. 개혁교육운동에 관한 고찰은 오늘날과 다른 역사적 상황에도 불구하고 그 당시 교육학자들

---

2) 이 장과 다음 장은 홍은영(2020). 하이돈의 교육이론의 관점에서 본 독일 개혁교육학: 이데올로기 비판을 중심으로. 『교육의 이론과 실천』25(1), 99−121에서 발췌함.

이 논의하였던 문제가 오늘날 고민하고 있는 교육문제와 매우 유사하다는 데 그 의의를 찾을 수 있을 것이다.

우선, 개혁교육학의 기본 관점을 네 가지로 나누어 정리할 수 있다. 첫째, 성인 중심의 전통적 교육을 비판하고 어린이의 자발성과 인격을 부각하는 '어린이로부터의 교육학'이다.3) 교육개혁운동은 모든 전통적인 학교교육의 문제를 출발점으로 삼고 대안으로 어린이 중심의 교육을 제시하고 있다(정영근 외, 2019). 외부로부터의 강제적인 전통적인 학교교육을 비판하고 새로운 아동이해에 기초한 "어린이로부터의 교육"은 아동 중심의 관점을 강조한다. 이를 통해 어린이의 개별성을 교육 행위의 모든 연계점으로 파악하고 있으며, 교육학적 준거는 어린이의 개별적 인격, 발달가능성, 욕구로 볼 수 있다. 어린이를 능동적이고 완전한 존재로서 보는 관점을 바탕으로, 어린이의 실천적인 활동을 강조하는 활동 중심을 들 수 있다. 개혁교육학은 학습자의 개별적 학습 과정을 사회적으로 표준화하려는 시도를 거부하고 모든 어린이가 자신이 속한 세계를 독자적으로 탐구하고 대응하는 것을 강조하는 특징을 지닌다.

둘째, 전원기숙학교운동은 삶과 동떨어져 이뤄지는 전통적인 학교와 달리, 공동체적 삶의 교육 환경(기숙사 형식의 학교)을 마련함으로

---

3) 일반적으로 개혁교육학은 어린이를 중심에 두고 어린이 발달을 모든 교육학의 출발점으로 삼고 있음. 어린이의 발달과 관련하여 언급하자면, 오로지 성인의 기대를 지향하였던 전통적 교육학 이론과 달리, 개혁교육학에서 교육 행위의 유일한 기준으로서 어린이의 개별성을 고려하는 패러다임 전환이 이루어졌음. 더 이상 전승된 문화와 지식, 성인세계의 가치와 규범이 아니라, 어린이 개개인의 발달 능력, 관심과 흥미, 욕구와 자율성이 교육(학)을 위한 준거 내지 규범적 기능을 하고 있음. 어른에 초점을 두었던 전통적 교육 구상에 맞서 아동중심의 교육을 표방한 개혁교육학은 교육 개혁 실천에 기여를 하였음. 개혁교육학은 어린이가 마주하는 세계로의 독자적 접근을 방해하고 학습 과정을 표준화하려는 기존의 교육 시도를 지양하고, 각 어린이의 개별성과 발달 단계에 상응하는 학습이 어린이의 성장에 더 도움이 될 것이라고 주장함.

써 학생들이 공동체 생활 속에서 자연스러운 경험을 하고 전인교육과 인격 형성을 돕고자 한다. 개혁교육운동에 의하면, 학교는 학생들이 인간적 생활태도를 일상적인 학교생활의 경험을 통해 자연스럽게 익힐 수 있도록 하나의 생활공동체로 형성할 필요가 있다(정기섭, 2003). 전원기숙학교는 독일에서 헤르만 리츠에 의해 1898년 처음으로 설립되었고, 전원기숙학교의 한 예로 파울 게헵(Paul Geheeb)이 1910년 설립한 오덴발트(Odenwald) 학교를 들 수 있다. 게헵은 인격교육의 목적을 달성하기 위해, 학생을 고유한 존재로서 파악하고 학생과 교사의 신뢰를 바탕으로 자유롭고 인간적인 학교 분위기를 강조하였다(정영수·정기섭, 2003).

셋째, 앞서 언급한 전원기숙학교운동과 밀접한 관련을 맺고 있는 예술교육운동이다. 이 교육 흐름은 그 당시 강압적이고 주지주의적인 학교교육 현실을 비판하고 어린이의 자발적이고 타고난 창조 능력(최재정, 2006)을 길러내는 것에 초점을 두었다.

넷째, 노작학교운동 교육은 기존의 교과서 중심의 암기위주의 학교교육을 비판하고, '작업'(Arbeit)을 강조하고 있다. 여기서 작업이라는 말은 단순히 직업 관련 활동을 연상하게 하지만, 교육개혁운동의 맥락에서 학생들이 정신적, 육체적인 차원에서 경험하는 자유롭고 고유한 활동과 인격형성이라는 교육적 가치를 지니고 있다.

3.2 개혁교육학: 학교교육 비판과 이상주의 사이에서

개혁교육학의 관점에서 보면, 교육은 인위적으로 경험하는 학교와 삶의 현격한 차이를 극복하고, 생생한 삶 속에서 배움을 교육의 출발점으로 삼아야 한다. 전인적으로 구상된 교육은 인간이 편향적으로 지적 능력만을 발전시키는 것이 아니라, 모든 인격의 차원을 함양할 수 있도록 도모해야 한다. 피교육자가 지닌 능력의 자유로운 발현을 제한하는 교육 환경은 타파해야 한다. 어린이와 청소년의 자발성과 자기교육을 보장해야 하며, 수업의 형태는 어린이의 발달과 주기적인 변화에 맞춰야 한다. 개혁교육학은 사회와 제도가 어린이의 발달을 인위적으로 조종해서는 안 된다는 견해를 펼치고 있다.

그러나 개혁교육학은 19세기 당시의 사람들이 이룩해놓은 산업화로 야기된 소외된 삶 및 세계와 대립시키면서 아동의 선한 자연 본성을 낭만적으로 그려내고 있다. 개혁교육학이 말하는 '자연'은 타락한 사회와 문명을 구원할 수 있는 장밋빛 희망을 약속하는 데 기능하고, 사회 이전의 원초적 단순성을 낭만적으로 회복하는 데서 대안이 있는 것처럼 오해를 낳을 수 있다. 인간 자신의 삶을 규제하는 산업 문명과 함께 인간성 상실에 대한 개혁교육학의 거센 비판은 사회에 때 묻지 않은 순수하다고 여기는 인간의 자연성 개념에 대한 향수를 불러일으킬 수 있다.

자연 개념에 대한 개혁교육학의 이해는 루소의 이론에 기초하고 있지만, 루소의 교육철학이 지닌 본래의 문명비판과 사회비판적 관점을 도외시하고 있다는 것이다. 개혁교육학은 인간 자유에 부합하는 인간 본래의 창조적 행위를 문명에 물들지 않고 타락하지 않은 것으로 상정하고, 그것을 인간의 지적·정신적 활동과 구분하여 지나치게 이상화시킨다는 것이다. 루소 자신도 인정한 바와 같이, 에밀이 사회로부터 고립된 인간, 원시인이나 야만인으로 성장해야 하는 것은 결코 아니다. 오히려 그는 사회 '속'에서 자유롭게 살아가는 자연인을 길러내기 위한 교육의 방향을 제시하였다.[4]

---

4) 『에밀』에 나타난 루소의 자연 개념에 관한 대부분의 선행 연구들은 자연을 일

어린이의 미래는 소비 사회의 전략 및 점점 기술적 속성을 수용하는 학교 교육의 위험에 처해있다. 독일 교육학자 하이돈의 관점에서 보면, 어린이 역시 사회와 유리된 채 규정할 수 없으며, 어린이의 자연은 항상 사회적으로 매개되고 있음을 파악할 필요가 있다.

개혁교육학에 대한 독일 교육학자 하이돈(Heinz-Joachim Heydorn)의 비판의 핵심은, 사회와 자연을 이분법적 대립관계에 놓고 사회제도가 어린이와 청소년에게 끼치는 영향이 적지 않다는 점과 사회적 '매개'의 차원을 소홀히 다루고 있다는 점이다. 따라서 기존 사회의 모순을 아직 접하지 않고 때 묻지 않은 어린이의 영혼을 상정하는 개혁교육학의 관점은 지나치게 이상주의적이며 낭만적인 구호로 그칠 수 있다. 이와 관련하여 개혁교육학의 이상적인 이념이 사회적 전통주의를 해체하고자 하는 과정에서 민족주의의 부정적 요소를 국가사회주의 이념과 특정한 정치적 목적을 위한 선정과 선동의 방법 및 도구로 확대하였던 문제를 지적할 수 있다. 개혁교육학자는 실제로 개혁교육학이 강조하는 비이성주의와 애국심과 같은 요소는 광신적 국가주의와 기술적 합리성으로 구축된 국가사회주의와 독일 나치의 독재적 국가 권력이 등장하게 되는 토대로 작용하게 되었다(Reble, 2005).

하이돈이 보기에 자연주의 교육에 나타나는 발달 개념의 이해는 위험한 환상이다. 왜냐하면 발달의 용어가 어린이의 성숙과 성장을 가져오는 잠재성을 전제함으로써 교육적, 사회적 측면에서 조작가능성을

체의 인위적 형식을 배격하는 것으로 해석하는 것과 달리, 박주병(2011)의 연구는 자연과 사회를 대립 관계로 보지 않고, 인간이 주체 자신과 세계에 보편성을 부여하는 가운데 자연 개념을 '우주의 신적, 조화로운 합리적 질서'를 지향하는 목적론적 개념으로 해석해야 함을 강조하고 있음. 신춘호의 연구(2012) 역시 루소의 자연 개념에 대한 종래의 해석과 달리, 인간의 감각 경험이 관념에 기초하기 때문에 자연 개념에는 이미 '사회적 요소'가 개입하고 있음을 주장하고 있음.

간과하고 있기 때문이다. 하이돈의 눈에 교육이 이뤄지는 과정에서 조작은 매우 일찍이 일어나기 때문에, 어린이의 지적 호기심을 촉진하고 지적 능력을 배양하는 것을 소홀히 해서는 안 된다. 이렇게 보면, 주지주의적 교육의 편향성에 반하여, '감성'과 '신체'를 포함한 비합리적인 부분을 편향적으로 요구하는 개혁교육학은 자신이 극복의 대상으로 삼았던 '비인간화'에 관련할 수 있다. 왜냐하면 개혁교육학이 어린이가 자신이 속한 실제 세계를 이해할 수 있는 기회를 제한할 수 있기 때문이다.

잃어버린 삶을 학교로 통합시키고 학교를 삶의 공동체로 파악하는 '개혁교육학'은 학교와 삶, 앎과 삶의 분리의 문제를 교육적 방식으로 극복하려는 것으로 파악할 수 있다. 학교는 온실과 유사하게 삶의 현실과 차단되는 인위적인 교육과정을 만들고 있다는 것이다. 이런 점에서 개혁교육학은 실제 삶과 연결된 실용적인 교육내용을 학교 교육에 통합함으로써 학생들의 흥미를 유도하고 학생이 주체가 되는 '살아있는 교육'을 실천하고자 하였다(최재정, 2006, p.291; Furch & Pirstinger, 1995).

그러나 하이돈은 개혁교육학이 사회 문제를 학교교육에 대한 문제로 축소하고, 학교를 현실 세계와 삶으로부터 분리하는 것을 교육제도의 유일한 문제로 해석하고 있다고 보았다. 왜냐하면 개혁교육학은 삶과 괴리된 학교 문제를 해결하기 위한 단초를 단지 학교라는 공간에서 찾고 있기 때문이다. 가령, 전원기숙사학교운동과 같은 개혁교육운동은 잃어버린 삶을 학교에 통합하고자 한다. 이를 통해 구성원들 간의 정서적인 유대관계를 강조하고, 개인보다 '전체', '공동체 의식'과 더불어 '조국애'를 고취하는 강력한 민족주의적 측면을 부각하였다(최재정, 2008). 개혁교육학에서 인간 삶을 점점 더 강하게 합리화하며 인간의 감성적 차원을 배제하는 산업 세계는 일상생활을 관통하는 인간소외 현상을 은폐시킬 수 있는 학교생활과 대립 관계에 놓여 있다.

이렇게 보면, 고도로 복잡한 산업 사회와 노동이 분업화되는 전문 직업 세계에서, 개혁교육학은 완벽하게 재현할 수 없는 삶을 따라하는 척하고, 제도화된 교육과 관계하는 사회 모순을 은폐하는 허구적인 삶을 만들고 있는 셈이다. "미래를 위한 산업 노동의 가장 의미 있는 형태는 교육이 진행되는 과정에서 더 이상 재생산될 수 없다. 또한 사회 노동의 현실은 학교에서 허구로 남는다. 왜냐하면 사회 노동의 현실은 경제적 강제의 현실 조건 하에서 체득할 수 없기 때문이다"(Heydorn, 2005). 삶에 가까운 공동체로서의 학교를 주장하는 개혁교육학의 이론과 실천은 학생들로 하여금 자신의 삶을 실제 세계의 영역 밖에서 독립적인 형태로 영위할 수 있다는 낭만적 환상을 불러일으킬 수 있다(Heydorn, 2005).

삶의 공동체로서 학교는 한편으로 인간의 삶을 점점 더 기계화하는 '차가운' 산업 세계에 반대하는 교육을 강조하고 시행하고 있지만, 다른 한편으로 그러한 교육이 각 개인의 일상을 관통하는 소외 현상을 은폐할 수 있는 문제가 있다(Bernhard, 2014). 이렇게 보면, 삶의 공동체로서 학교 역시 허구적 삶을 창출하고 그러한 교육 역시 기존 사회의 지배에 관련하고 있는 모순에서 벗어날 수 없다. "모순은 해결할 수 없다. 교육이 야기하는 의식은 자신의 조건, 즉 자신의 관점의 실현 가능성에 대한 조건을 의식하는 것을 뜻하기도 하다"(Heydorn, 2004).

4 통제 사회에서 교육 개혁5)

4.1 인간 삶을 통제하는 신자유주의

오늘날 글로벌 자본주의 체제는 주체를 더 이상 직접적으로 억압하기보다, 개개인이 삶의 전 영역에 창의적이고 유연하게 대응하고 능동적으로 스스로를 끊임없이 측정하는 주체로 구성해내면서 고착화되고 있다. 이러한 사회체제는 각 개인으로 하여금 개인별 목표를 정하고, 이에 대해 자기 점검하며 평생에 걸쳐 자신의 능력을 개발해야 하는 삶을 살아가도록 요구하고 있다. 이러한 사회적 조건에서 개개인은 타인이 지시하는 대로 일만 하는 게 아니라, 자기의 자유 의지를 통해 자기의 삶을 철저히 관리해 나가는 "기업가적 자아"가 된다. 개인들은 자신의 발전을 위해 투자를 해야 하고, 자신이 예측할 수 없는 세계에 직면했을 때(예컨대 평생직장이라는 제도가 사라진 지금의 상황) 생기는 공포, 불안과 위험을 감수하고 그것을 능동적으로 관리하는 모험을 할 필요가 있다. 그리고 이에 따른 결과는 개인이 전적으로 감수해야 한다(서동진, 2013).

이처럼 개별 인간에게 오늘날 가해지는 권력은 강압이나 의무가 아니라, 오히려 개인이 목적의식을 갖고 스스로 동기 부여를 하여 이 시대에 작용하는 지배의 합리성(경쟁, 유연성, 효율성의 논리)에 맞춰 자기를 관리함으로써 작동한다. 이를 통해 누구나 지속적인 통제 아래에 놓이게 된다. 이러한 기업가적 자아로 대변되는 자기계발 주체는 바로 오

---

5) 이 장은 홍은영(2014). 비판적 주체 형성을 위한 성숙(Mündigkeit) 개념 연구 – 아도르노와 하이돈의 개념과 푸코의 권력담론을 중심으로. 『교육의 이론과 실천』 19(3), 99–109에서 발췌하였음.

늘날 신자유주의 시대가 원하는 주체의 형상이다(김은준, 2012).

자기계발 하는 주체가 신자유주의 질서와 맥락의 중요한 생산요소로서 부상하게 되면서, 주체자체에 대한 이론적 비판이 이루어지고 있다. 프랑스 철학자 들뢰즈(Gilles Deleuze)는 푸코의 권력 분석을 바탕으로 오늘날의 사회를 "통제 사회"로 지칭한다. 푸코가 설명한 규율 사회에서 가정, 학교, 군대, 공장, 감옥, 병원과 같은 제도는 공간을 기능적으로 배치하고 시간을 정교하게 규정하며 생산력을 구성하는 각 신체의 힘들을 조합하고 삶을 조직화하는 기능을 가진다. 이러한 규율 사회에서 개인은 사회를 이루는 각각의 특정한 구성단위에서 구성원으로 평생 살아가게 된다. 이때 하나의 닫힌 공간에서 다른 닫힌 공간으로 이동하고, 그러한 각각의 구성단위는 고유한 규칙을 가지고 있다.

그러나 들뢰즈에 따르면 오늘날 그러한 감금 장소들이 위기에 처해있다고 진단하는데, 이것은 우리는 더 이상 그러한 규율 사회에 살지 않고 통제 사회로 접어들고 있다는 것을 의미한다(Deleuze, 1993). 말하자면, 각 개인을 억압하거나 감금하지 않고 오히려 개개인에게 자유를 가져다주는 희망을 약속하는 통제가 규율을 대신하고 있다. 통제 사회는 예컨대 기업의 상여금, 성과급 제도를 통해 개인이 스스로 자신을 지속적으로 통제하도록 만든다. 이때 상여 제도와 같은 다양한 통제의 형태는 끊임없이 변동하는 속성을 가지고 있다. 그래서 오늘날 자유와 예속을 명확히 구분하기가 어렵고, 사회의 구성단위의 경계는 흐려지고 있다(Messerschmidt, 2007).

이와 관련하여 들뢰즈는 오늘날 "공장 대신 기업이 들어서듯이, 평생 교육이 학교의 뒤를 잇고 있으며, 지속적 통제(검열, contrôle)가 시험을 대신하고 있다"고 말한다(Deleuze, 1993). 징계사회를 대표했던 시험의 원리는 치열한 경쟁 속에서 살아남기 위해 사람들이 스스로 계속 배워야 하는, 지속적인 자발적 통제원리로 대체되고 있다. 각 개인들은 서로서로 경쟁 관계로 들어서게 되고 효율성과 합리성의 극대화에 의거하는 시장의 논리를 내면화하게 된다. 이때 개인들의 정체성은 표본, 데이터, 시장 등을 통해 숫자로 표시된다. 통제 사회에서 개인의 정체성은 "연속적 변수 위에 놓여 있는 것이다"(Deleuze, 1993). 이러한 규율과 통제는 학생들의 학업성취를 효율적으로 증대시키기 위해 학습과정을 계속해서 검사하고 측정하며 평가하는 한국의 현 교육현장에서도 작용하고 있다.

현대의 통치성은 "기업가적 정신을 가진 개인의 자기 통치적 차원을 통해" 작동한다(도승연, 2013). 이런 점에서 개개인이 자신의 행위를 선택하고, 적극적으로 반성하는 주체이면서 동시에 권력에 예속된 객체가 된다. 다시 말해, "개인은 다양한 통치 전략 아래 놓여 있으면서 그 속에서 스스로를 주체로 구성해낸다(도승연, 2013, p.317)." 푸코에 의하면, 통치성의 용어는 모든 사람들의 안녕과 복지를 보존하고 향상시킬 수 있도록 사람들의 행위를 특정한 방향으로 유도, 선도하게 하는 "제도·절차·분석·고찰·계측과 전술의 총체"로 나타난다(Foucault, 2011).

권력의 지향점이 개인에게 있다는 것으로 특징지을 수 있는 통치성 용어와 관련하여 푸코는 사목 권력(pastoral power)의 양상을 설명한다. 사목 권력이란 개별화하는 권력으로 이해할 수 있는데, 이것은 양을 한 마리 한 마리 건강하고 안전하게 돌보는 목자의 역할을 국가 권력이 공공기관, 제도, 교육시스템 등 다양한 국가 장치들에 위임하고 "어떻게 통치되어야 하는가?"라는 질문을 던짐으로써 개별화 된 통치 전략이 발달되는 것을 의미한다. 이런 점에서 권력은 "개인화하면서 동시에 전체화하는 방식"을 통해 나타난다고 할 수 있다(도승연, 2013).

4.2 신자유주의 주체 형상으로서의 '기업가적 자아'

푸코의 권력과 주체와의 관계와 통치성의 개념을 교육실천에 적용하여 보자면, 현 교육개혁에 발맞춰 많은 대학과 학교에서 종래의 평가방식으로 인해 야기될 수 있는 문제점을 보완할 수 있는 새로운 평가방법으로 시행하고 있는 포트폴리오 평가라는 제도를 그 예로 들 수 있을 것이다. 포트폴리오(Portfolio)라는 용어는 시간에 따른 한 개인의 성장과 발달, 능력, 성취, 아이디어, 흥미 및 노력 등을 보여주기 위해 개인의 학습과정을 나타내는 학습 성과물을 담아두는 용기를 의미하는 Folio와 예술가들이 자신의 재능을 보여주기 위해 자신의 작품들을 모아 놓은 데 서 그 유래를 찾을 수 있다(심성경, 2012). 포트폴리오 평가는 학습자 개개인에게 자기의 계속적인 학습과 개선을 위해 자신의 활동과정을 돌아볼 수 있는 기회를 제공함으로써 직접 평가의 지침으로 활용되고 있다(심성경, 2012). 이처럼 포트폴리오 평가는 학습자의 성취 결과에 중점을 두기보다 자신의 학교생활 전반에 걸쳐 무엇을 얼마만큼 수행했고 그 과정에서 어떤 노력을 하였는지에 관심을 두는 과정 중심의 평가라고 볼 수 있다.

그러나 포트폴리오 평가는 학습자의 자율성을 향상시킬 수 있지만, 자기를 거듭 평가하고 개선해 나가는 '기업가적 자아'를 형성하고 있다. 이때 학교는 "매우 적극적인 실천의 장으로서 학생들의 활동을 기록하고 보관하며 관리"하고(김은준, 2012), 교사는 각 학생들을 매우 개별적으로 돌보와 주고 평가하게 된다. 이를 통해 학생은 "자신의 학업과 삶의 전 영역에 걸쳐 설계부터 결과까지 모든 책임을 스스로 지고 스스로 감독하는 주체로 기획되는 것"이다(김은준, 2012). "학생 주체는 자신의 삶을 스스로 기획하고 계발하면서 대학입시로부터 자유로워지는 것이 아니라, 오히려 거대한 통치 메커니즘 속에서 이전에 비해 훨씬 많은 부분에 걸쳐 자신의 이력과 성취 결과를 더 투명하고 낱낱이 보여줄, 일종의 선택적인 의무를 더 부여받게 되는 것이다(김은준, 2012)."

교육 영역을 구조화하고 있는 신자유주의 질서는 개개인의 가치를 중시하고 있지만, 개인의 가치를 경제적 효용성에 따라 계량화하고 수치화시키고 있다. 개인의 학습과정과 성과물을 평가함으로써 개인의 가치를 수치화 하는데 있어 학업 능력뿐 아니라 인성, 창의성, 리더십, 공동체성과 같은 비학업적 능력 또한 평가의 대상이 된다. 그리고 자기의 성과의 책임과 원인을 개인에게 돌리는 결과를 초래하고 있다. 이런 맥락에서 개인의 가치와 정체성은 이 시대의 지배적 합리성(경쟁과 효율성의 논리)에 의해 유동적이게 된다. 이렇게 학생들의 계획과 성과물을 숫자로 측정하고 평가하며 학생들에 대해 기록되어지는 모든 것(예컨대 꿈, 계획, 지식습득 정도, 발전상태, 정신상태, 품행)을 가시화하는 것은 그들을 분류하여 다른 개인과 비교할 수 있는 개인으로 만든다. "시험은 학생을 대상화하고 그 대상들에 대한 기록의 축적을 통해 학생을 분류하고 개별화하는 기록의 권력으로 학생통제의 한 형식이 되는 것이다(박병락, 2000)." 각 개체를 푸코는 하나의 "사례"로 가리킨다. 이렇게 지식과 실천 체계를 통해 작동하는 권력은 "규율적 권력"을 의미하며, 이것은 주체의 외부에 위치하지 않고, 주체의 내면에 침투하고 관통하여 주체의 행동, 사고, 지식, 신체를 형성하는 데 작용한다. 개인에 대한 정보가 기록을 통해 쌓이면서 각 개인은 "인식가능하고, 통제 가능한 대상"이 된다(박병락, 2000). 왜냐하면 개개인에 관한 정보, 즉 지식은 "개인을 권력이 작용하는 표적으로 삼을 수 있도록 개인을 투명하게 드러내기" 때문이다(박병락, 2000).

이렇게 보면, 현 교육개혁은 자신의 '좋은' 의도와는 반대로 신자유주의 질서를 정당화하는 데 남용될 수 있다. 그러므로 작금의 교육개혁은 푸코가 말하듯이 "그런 식으로는 통치 받지 않으려는 기술"로 이해될 수 있는 비판적 태도를 견지할 필요가 있다. 모든 교육 주체는 권력 구조로부터 자유로울 수 없다. 이는 단순히 사회적 강제와 권위를 일면적으로 거부하는 것을 뜻하지 않는다. 왜냐하면 주체는 권력에 종속되는 동시에 지배 담론을 새롭게 해석하고 지배 담론에 균열을 낼 수 있는 행위 가능성을 내포하고 있기 때문이다. 중요한 것은 교육개혁이 표방하는 이념을 언제나 사회적 맥락의 구체성 속에서 파악하는 것이다.

학교는 학생들이 새로운 경험과 새로운 내용을 파악할 수 있는 발달의 장으로 기능하고, 교사와 학생은 자신의 교육 활동에서 강제와 고통을 실제의 행복에 대한 욕구 및 경험과 관련지을 수 있도록 노력할 필요가 있다. 여기서 말하는 실제의 행복이란 학생들에게 세계에 대한 지적 이해라는 어려운 과제를 덜어주거나 심지어 회피할 수 있다는 나르시시즘적인 교육의 환상을 뜻하지 않는다. 오히려 사회 제도로부터 완전히 자유로운 교육의 순수함에 대한 소망과 욕구는 각 개인이 일상생활에서 실제 경험하는 모순을 자연발생적인 것 또는 개인적 운명으로 치부하여 문제를 회피함으로써 탈정치화를 강화하는 결과를 초래할 수 있다. 따라서 각 개인의 자유와 인간다운 교육을 추구하고자 하는 모든 개혁적 시도는 단순히 감정을 옹호하는 데 그치는 것이 아니라, 인간 삶의 구체적 현실에서 보편 이념이 지배로 전도되고 있는 계기에 학생들이 정신적·실천적으로 대결할 수 있는 저항 능력을 키우는 데서 그 의미를 찾을 수 있을 것이다.

5 마무리

필자는 독일 유학 시절 늘 자신의 내면의 목소리에 귀 기울이면서 용기 있게 자아를 찾아가는 자의식이 강한 친구를 알게 되었다. 그 친구는 학창시절 어머니의 영향을 받아 발도르프 학교(전인교육을 교육목적으로 하고 예술, 신체, 지성교육을 조화롭게 통합시킨 교육을 실시하는 특징을 지닌다)를 다녔다. 발도르프 학교와 가정교육의 영향을 받아서인지 그 친구는 인간이 정신적 활동(머리)을 수공예 작업(손을 움직여 사물과 직접적인 접촉을 하면서 무언가를 만드는 행위)과 결합하면서 창의적인 자신만의 작품을 완성해나가고, 이러한 과정에서 인간 내면의 자유를 표현할 수 있다고 확신하였다.

어느 날 그 친구는 대학 공부가 자기의 적성에 맞지 않아서 학업을 중단하고 요리사 직업교육을 받겠다고 이야기하였다. 아비투어(대학입학 자격요건의 시험)를 치고 정신적 사유를 즐겨 하였던 친구가 갑자기 직업교육(실업계)[6]의 길을 선택한 것에 필자는 솔직히 당황했다. 독일에

---

6) 독일의 직업교육은 국가로부터 승인된 산업체에서의 실습과 직업학교에서의 이론교육이 결합된 이원화 방식으로 이뤄진다. 초등학교 4학년 후 실업학교와 주요학교를 졸업한 대부분의 학생들은 다양한 전문 직종(치과보조사, 미용사, 간호사, 자동차기술자, 제빵사, 정육사 등)에서 3년 과정의 직업교육을 받고 있다. 일주일에 1~2일간은 직업학교에서 일반 교양과목(제2외국어로 프랑스어, 물리, 화학, 영어, 수학 등)과 해당 전문 분야의 이론적 지식이 교육되고, 3~4일간은 산업체에서의 실습이 실시된다. 그러나 필자의 친구가 대학입학자격을 가졌기

서도 교육학과 같이 인문사회 분야의 전공자들의 취업은 이공계의 졸업자보다 상대적으로 어려운 상황이고, 현재도 그러한 상황은 지속적이다. 자본주의 시장경제체제 하에서 개인들은 생계를 유지하기 위해 사회가 요구하는 지식과 기술을 습득하고 경쟁력을 갖춰 자신의 노동력을 팔아야 한다. 그 친구에게 요리사의 진로 선택은 취업을 염두에 두기보다, 인간이 신체(손의 이용)와 정신적 사고활동을 연결해서 창의적인 작품을 만들어내는 경험을 체험하고 자아를 찾는 과정으로 볼 수 있을 것이다. 한편, 직업교육을 통해 자아를 찾으려 했던 친구의 이상(理想)은 레스토랑의 현장실습에서 구현되지 않았고, 힘든 직업교육과정을 마치면서 졸업시험을 무사히 치렀다. 이런 상황에서, 독일 친구의 자아탐색과 결단은 현재 우리가 자신의 존재의 의미를 망각한 채 취직에 유리한 것, 돈벌이가 되는 것만을 추구하고 사회문화적 요구에 기계적으로 부응하고 있는 것은 아닌지, 혹은 자신의 삶을 주도하며 살고 있는지 되돌아보게 한다.

그렇다면 나는 이번 연말을 어떻게 보내고 있는가? 이번 학기 마무리하기도 바빠 죽겠는데 마음의 여유는 여전히 없다. 해 놓은 건 아무것도 없는 데 벌써 12월 말이 되었다. 전남대 교육학과에서 2020년부터 시행하고 있는 BK21사업의 중간평가를 앞두고 대학원생과 나는 전전긍긍하며 계획을 세우고 소위 '모니터링'으로 이해되고 있는 '자기검열'을 하고 있다. 적어도 교육철학과 같은 전공에서 논문 작성을 위해 차분히 책을 읽고 그 내용을 깊이 생각하는 충분한 시간이 확보되어야

때문에, 도제훈련기간이 6개월 단축될 수 있었다. 도제훈련(Lehre)을 하면서 매년 증가하는 훈련수당을 받는다. 직업교육의 과정을 거치면 졸업시험을 통해 수료 증서를 받게 된다.

하는데, 정기적 사업 '평가'로 인해 BK대학원생과 교수자 스스로 연구물 생산의 '양'과 '질'(주로 '논문' 편수와 국제학술지, 피인용지수, '리뷰'절차라는 기준으로 평가되고 있다) 즉 성과와 결과에 초점을 두고 있음을 부인할 수 없다. 필자는 학교에 몸담은 지 몇 년 만에 나도 모르게 뭐든지 '닥쳐야 하는' 성향으로 젖어 버렸다. '미리미리모드'일 때에는 계획했던 일을 마치지 못하면 불안해서 잠이 안 왔건만, 막상 계획이 어긋나기 시작하니까 어디선가 초인적인 능력(?)이 솟아나는 듯, 제출 일정이 다가오면 컴퓨터의 자판은 언제나 '경이로운 허구'를 생산해내곤 했다. 물론 마음 한구석 어딘가에서 내 양심은 이렇게 거짓말해도 되는 거냐고 외치고 있었지만. 플로리싱한 삶은 어쩌면, 그야말로 불가능한 이상인지도 모르겠다. 오늘도 나는 어쩔 수 없는 필연적인 선택과 자유로운 선택 사이에서 진자 운동을 하고 있다.

📖 참고문헌

김기민 (2018). 행복교육의 세 가지 논점들에 대한 고찰. **학습자중심교과교육 연구, 18**(24), 741-758.

김은준 (2012). **신자유주의 시대 교육담론과 주체형성: 한국의 대학입학사정 관제를 중심으로** [박사학위논문]. 충남대학교.

김정래 (2022). 교육 가치로서 행복의 타당성 논의. **교육철학, 84**(9), 125-156.

도승연 (2013). 영혼의 사목으로부터 인구의 통치로: 미셸 푸코(M. Foucault) 의 통치성의 계보학을 통한 윤리적 저항의 의의. 한국여성철학, 20, 231-269.

박병락 (2000). 푸코의 권력과 주체 문제의 교육적 논의. **교육철학, 18**, 73-89.

박주병 (2011). 에밀에 나타난 목적론적 자연 개념의 교육학적 시사. **교육철 학, 33**(1), 57-77.

서동진 (2013). **자유의 의지, 자기계발의 의지 – 신자유주의 한국사회에서 자기계발하는 주체의 탄생.** 파주: 돌베개.

심성경·변길희·류경희 (2012). 유아교육현장에서의 포트폴리오 평가에 대한 교사의 인식과 실제. **한국콘텐츠학회논문지, 12**(8), 449-460.

이승헌·신희섭 (2017). **뇌를 알면 행복이 보인다.** 브레인월드.

이재구 (2014). 인문, 사회과학편: 운동이 행복이다. –뇌신경생리학적 이해, **한국체육학회지, 53**(6), 27-38.

정영근 외 (2019). **교육학적 사유를 여는 교육의 철학과 역사.** 용인: 문음사.

추병완 (2019). 긍정교육의 성공 요인 분석. **도덕윤리과교육 64,** 61-84.

최재정 (2008). **개혁교육학.** 서울: 학지사.

홍은영 (2014). 비판적 주체 형성을 위한 성숙(Mündigkeit) 개념 연구 - 아 도르노와 하이돈의 개념과 푸코의 권력담론을 중심으로. **교육의 이론과 실 천, 19**(3), 87-114.

홍은영 (2020). 하이돈의 교육이론의 관점에서 본 독일 개혁교육학: 이데올로 기 비판을 중심으로. **교육의 이론과 실천, 25**(1), 99-121.

Adorno, Th. W.(1951). **미니마 모랄리아(Minima Moralia),** 김유동 역. (서울: 길, 2016)

Aristoteles(1894). **니코마코스 윤리학(Ethica Nicomachea),** 이창우·김재홍· 강상진 역. (서울: 이제이북스, 2008)

Bernhard, A.(2014). Bewusstseinsbildung. Einführung in die kritische Bildungstheorie und Befreiungspädagogik Heinz-Joachim Heydorns, Baltmannsweiler: Schneider Verlag.

Boltanski, L. & Chiapello E.(2001). Die Rolle der Kritik in der Dynamik des Kapitalismus und der noramtive Wandel, *Berliner Journal*, Heft 4, 459-477.

Deleuze, G.(1993). **질 들뢰즈 대담 1972~1990.** 김종호 역. 서울: 솔.

Foucault, M.(2011). **Securite, territoire, population: Cours au Collège de France,** 1977-1978. 심세광·전혜리·조성은 역(2011). 안전, 영토, 인구: 콜레주드프랑스 강의 1977~78년. 서울: 난장.

Furch, E., & Pirstinger, S.(1995). Lebendige Reformpädagogik, *Schulheft* 80.

Heydorn, H.-J.(2004). Zu einer Neufassung des Bildungsbegriffs(1972), In: Heinz-Joachim Heydorn Bildungstheoretische und pädagogische Schriften·1971-1974, Wetzler: Büchse der Pandora, 56-145.

Heydorn, H.−J.(2005). Realer Humanismus und humanistisches Gymnasium. *Pädagogische Korrespondenz, 34*, 8−24.

Messerschdmit, A.(2007). Von der Kritik der Befreiungen zur Befreiung von Kritik? Erkundungen zu Bildungsprozessen nach Foucault. Pädagogische Korrespondenz. 36/Frühjahr, 44−59.

Timo, Hoyer(2014). Lernziel Glück? Ein Unding macht Schule. Erwachsenenbildung. *Viertelsjahresschrift fuer Theorie und Praxis, 60*(2), 9−13.

긍정교육: 학교에서 가르치는 플로리싱

이주미

1 들어가기

2020년 초부터 전 세계를 휩쓴 코로나 바이러스(COVID-19)는 우리의 삶에 예상치 못한 큰 변화를 가지고 왔다. 전 세계적으로 코로나 바이러스에 대한 공포와 불안을 경험하게 되었고, 특히, 교육현장에서는 코로나 바이러스 확산을 막기 위한 학교 폐쇄와 사회적 거리두기, 온라인 수업 등이 급하게 시행되었다. 이로 인해 학습부진, 학습동기 감소, 사회적 및 정서적 문제, 학생 간 학업격차 등 심각한 교육문제가 나타나게 되었다. 특히, 그동안 일상적으로 이루어지던 대면수업이나 대면 사회생활이 극도로 제한되면서 아동 및 청소년의 외로움, 우울증, 불안 등 정신건강 문제가 급증하면서 사회문제로도 인식되고 있다. 한국의 경우, 2019년에 비해 2021년 우울증 진료현황이 초등학생 32.6%, 고등학생 21.0%, 중학생 10.5% 상승하였고, 2021년 불안장애 진료도 초등학생 46.7%, 중학생 44.4%, 고등학생 36.8% 상승한 것으로 나타났다(Medifonews, 2022). 이렇게 아동 및 청소년의 정신건강이 심각한 위험에 처해있는데, 코로나 19 펜데믹(Pandemic) 상황이 서서히 안정화되면서 학교에서도 대면활동이 증가하고 있지만, 장기간 사회적 단절로 인해 학생들에게 나타난 심각한 정신건강 문제에 대해 학교현장이 어떠한 대처방법을 준비하고 있는지 살펴보아야 할 때인 것이다.

학교의 목적은 학생들이 건강한 사회인으로서 미래를 준비하기 위해 필요한 지식, 기술, 태도 등을 가르치는 것이지만, 이와 함께 학생들의 정신건강과 웰빙(well-being) 증진에 대해서도 학교의 역할이 강조되고 있다(Arslan & Burke, 2021). 이러한 현재의 교육의 방향성을 생각할 때, 긍정교육이 학교현장에서 제대로 적용될 수 있도록 이에 대한 이해가 우선되어야 할 것이다. 긍정교육(Positive Education)은 긍정심리학을 학교현장에 적용하는 것을 말하는데(Green et. al., 2011), 요즘처럼 아동 및 청소년의 정신건강과 웰빙이 위협받는 상황에서 긍정교육에 대한 이해는 긍정교육을 학교현장이나 아동 및 청소년에게 적용하기 위해 필수적일 것이다. 그리하여, 이 챕터에서는 긍정심리학과 긍정교육에 대한 설명과 함께, 긍정교육 프로그램들을 소개하여 교사나 학교 경영자들이 학교현장에 긍정교육의 적용에 대한 이해를 돕고자 한다. 또한, 예비교사를 대상으로 한 긍정교육의 사례를 소개하여, 사범대학에서 적용된 긍정교육 사례를 공유하고자 한다. 이러한 내용들이 학교현장에 적용할 수 있는 긍정교육 프로그램 개발 등의 기초자료로서 활용될 수 있을 것으로 기대한다.

2.1 긍정심리학의 이해

과거 심리학 분야는 인간의 부정적 심리상태나 정신장애 치료 등에 초점을 맞추었지만, 20세기 말부터 대두된 긍정심리학(positive psy-chology)은 인간의 긍정적 측면에 초점을 맞추어 모든 사람들의 충만하고 생산적인 삶을 지원하는 방향성을 제안하였다(Seligman, 2011). 30년간 학습된 무기력(learned helplessness)이나 우울증 등 인간의 정신질환이나 부정적 측면을 연구해왔던 마틴 셀리그만(Martin Seligman) 박사가 1998년에 처음으로 '긍정심리학' 용어를 사용하며 인간의 긍정적 측면 연구의 중요성을 강조하였으니, 그 스스로에게도 긍정심리학을 주장하는 것은 매우 큰 변화였을 것이다. 셀리그만 박사는 1998년 미국심리학회 연설에서 인간의 나쁜 부분을 고치려는 노력보다 인간의 좋은 부분을 찾아 그것을 증진시키는 방향으로의 노력이 필요하다고 강조하였다(Seligman, 2011). 그는 "손쓸 도리 없이 망가진 삶은 이제 그만 연구하고 모든 것이 잘 될 거 같은 사람에게 초점을 맞추어야 한다."(Seligman, 2011: 17)고 주장한 것이다. 그 후 긍정심리학의 역사는 20년 정도이지만 관련 연구 분야에서 빠른 속도로 그 영역을 확고히 하고 있다.

긍정심리학은 강점(strengths), 덕성(virtues), 긍정적 특질 등 인간의 긍정적 측면을 과학적으로 연구하는 학문이다. 긍정심리학에 대해 여러 연구자들이 정의를 제시하였다. 예를 들어, Sheldon과 King(2001)은 긍정심리학이 보통 사람의 강점과 덕성에 대한 과학적 연구이며, 보통 사람들의 무엇이 기능하고, 무엇이 옳고, 무엇이 향상되는지에 대해 찾아

내는 것이라고 설명하였다. Gable과 Haidt(2005)는 긍정심리학이 개인, 집단, 조직의 최적의 기능과 번영에 기여하는 상황과 과정에 대한 연구라고 하였다. 또한, 긍정심리학은 무엇이 가치있는 삶을 살게 하는 것인지에 대한 과학적 접근으로 인간의 행복, 자아실현, 번영으로 이끄는 측면들에 초점을 둔다(Alex et al., 2006). 긍정심리학 분야는 주관적 수준에서는 웰빙, 만족감, 희망, 낙관성, 몰입, 행복감 등의 가치 있는 주관적 경험에 관한 것에 집중하였고, 개인적 수준에서 사랑, 소명, 용기, 대인기술, 감수성, 인내, 용서, 독창성, 미래지향적 마음자세, 영성, 재능, 지혜 등의 긍정적 개인특질에 관한 것에 주목하였고, 집단 수준에서 책임감, 배려, 열정, 공손, 절제, 인내, 직업윤리 등 시민덕목과 조직에 관한 것에 대해 연구하였다(Seligman & Csikszentmihalyi, 2000). 특히, 인간의 강점과 덕성에 대한 연구는 긍정심리학 초기부터 수행되었고, 이는 긍정심리학의 적용의 범위를 크게 확장시키는 것에 기여하였다.

Peterson과 Seligman(2004)은 Values in Action(VIA) 연구를 통해서 전 세계의 덕성 중에서 보편적으로 이해 가능한 6개의 핵심덕목과 그의 하위요소로서 24가지의 덕성을 분류하여 24가지의 VIA 성격강점(character strengths)을 제시하였다. 구체적인 6개의 핵심덕목과 24개 성격강점은 아래와 같다.

① 지혜: 창의성(creativity), 호기심(curiosity), 개방성(open-mind-edness), 학구열(love of learning), 지혜(wisdom)

② 자애: 사랑(love), 친절성(kindness), 사회지능(social intelligence)

③ 용기: 용감성(bravery), 끈기(persistence), 진실성(authenticity), 활력(vitality)

④ 절제: 용서(forgiveness), 겸손(modesty), 신중성(prudence), 자기조

절(self-regulation)

⑤ 정의: 시민정신(citizenship), 공정성(fairness), 리더십(leadership)

⑥ 초월: 감상력(appreciation of beauty and excellence), 감사 (gratitude), 낙관성(optimism), 유머감각(humor), 영성(spirituality)

셀리그만(2011)은 그의 책 'Flourish'에서 과거에는 행복이 긍정심 리학의 주제이며, 삶의 만족도 측정을 통해 행복을 가늠할 수 있고, 삶 의 만족도가 긍정심리학의 목표라고 생각했었다고 설명하였다. 이러한 주장은 "진정한 행복(authentic happiness) 이론"으로 설명되었지만, 그 후에 셀리그만은 그의 기존의 이론을 수정하여 웰빙이 긍정심리학의 주제이며, 플로리싱의 측정을 통해 웰빙을 가늠할 수 있고, 플로리싱이 긍정심리학의 목표라고 설명하였다. 플로리싱을 긍정심리학의 목표로 제시한 이유는, 행복이나 삶의 만족도의 측정이 긍정정서에 너무 치우 쳐 있고, 일시적인 긍정정서로 인간의 행복을 측정하는 것에 한계가 있 다고 보았다.

플로리싱(flourishing)은 다차원적 개념으로서 행복에 대한 쾌락적 (hedonic) 관점(e.g., 긍정정서, 정서적 안정감)과 자기실현적(eudaimonic) 관 점(e.g., 자기존중감, 성장, 의미)을 모두 포함하는 개념인데, 이는 쾌락적 행복과 자기실현적 행복이 상호보완적이라고 보는 긍정심리학의 행복 에 대한 관점을 잘 보여주는 것이다(Norrish et. al., 2013). Keyes(2002)는 플로리싱이 세 가지 요소인 정서적 안녕감(emotional well-being; 자신이 나 인생에 대한 긍정적 느낌), 사회적 안녕감(social well-being; 타인과 연결 되거나 공동체 안에서 가치 있다고 느낌), 심리적 안녕감(psychological well-being; 인간으로서의 기능을 적절하게 수행하는 것이 가치 있다고 느낌)으로 구성된다고 하였다. Diener 등(2010)은 플로리싱은 긍정관계, 자신감, 성취, 의미, 목적 등을 포함하는 심리사회적 개념이라고 보았다. 플로리싱은 '번영', '번성' 등으로 번역될 수 있지만, 충분히 그 개념을 설명할 적절한 한국용어를 찾지 못한 상태로서, 현재 한국 심리학 및 교육학 분야에서는 플로리싱, 플로리시, 행복플로리시 등의 용어가 혼용되고 있다.

셀리그만(2011)은 플로리싱을 구성하는 5개의 요소로서 긍정정서(Positive emotion), 몰입(Engagement), 관계(Relationship), 의미(Meaning), 성취(Achievement)를 제시하면서 이 5개의 요소를 통해 웰빙을 측정할 수 있다고 설명한다. 이를 각 단어의 첫 알파벳을 가져와서 PERMA로 명명하였고, 이 중 한 가지 요인만으로 웰빙을 설명할 수 없고, 각 요소는 상호 독립적인 것이다. 즉, 번영한(flourishing) 삶은 기쁨이 있는 삶, 몰입하는 삶, 좋은 관계를 맺는 삶, 의미 있는 삶, 성취하는 삶을 균형 있게 경험하는 삶이라고 하겠다.

2.2 긍정교육이란 무엇인가?

과거 20년 이상의 시간동안 긍정심리학은 학계의 큰 관심을 받으면서 긍정심리학의 원리를 교육, 건강, 의사소통, 조직 등의 다양한 분야에 적용하며 그 영역을 빠르게 확장시켜 왔다. 특히, 학교현장에서의 긍정심리의 적용은 매우 중요한 이슈인데, 그 이유는 학교가 아동 및 청소년의 삶에서 가장 중요한 발달 환경 중 하나이고, 그들의 성공적 적응역량과 기술을 발달시키는 핵심근원이기 때문이다(Norrish, Williams, O'Connor, & Robinson, 2013).

긍정교육이란, 교육현장에서 긍정 심리학의 핵심 원리들을 이해하고 연습할 수 있도록 하여 학생들의 웰빙을 증진시키는 교육을 말한다(Nobel & McGrath, 2015). 또한, 긍정교육은 학교의 전통적 목표인 학업성취를 위한 지식과 기술뿐만 아니라 정신건강과 웰빙을 위한 지식과 기술도 가르치는 것을 말한다(Seligman et al., 2009). 즉, 긍정교육은 학생과 학교 모두 번영(flourishing)할 수 있도록 긍정심리학의 과학을 가르치는 것을 의미한다(Norrish et al., 2013).

2.3 긍정교육의 필요성

긍정교육의 목표는 교육현장에 강점, 역량, 웰빙, 회복력 등이 만들어지도록 하는 것이고, 이는 학생들의 정신건강 위기가 급증하고 있다는 인식에서부터 생겨난 것이다(Slemp et al., 2017). 청소년기는 정신질환의 발생에서 결정적인 시기이고(Norrish et al., 2013), 이 시기에 우울증, 불안 등의 정신건강문제 비율이 유의하게 높다고 보고되고 있다(Sawyer et al., 2007). 예를 들어, 미국 청소년을 대상으로 한 연구에서, 연구대상자의 50% 이상이 플로리싱의 기준에 도달하지 못했고, 플로리싱의 비율이 청소년기 동안에 감소하는 것이 보고되었다(Keyes, 2006). 또한, 한국 아동 및 청소년은 우울증과 불안 진료건수가 해마다 증가하는 것으로 나타났다(Medifonews, 2022).

Seligman 등(2009)은 학교에서 웰빙을 가르치게 되면, 이것이 학생들의 우울증 감소의 해결책이 될 수 있으며, 삶의 만족도를 증가시키고, 더 나은 학습과 창의적 사고를 위한 좋은 수단이 될 수 있을 것이며, 이는 학생들의 웰빙 증진이 더 나은 학습을 이끌어 내는 시너지효과가 있는 것이라고 주장하였다. 학교는 학생들의 웰빙 증진을 주도하기에 아주 훌륭한 곳인데, 많은 아동 및 청소년들이 대부분의 시간을 학교에서 보내고, 학생들이 또래 및 교사들과 매일 상호작용을 하는 것은 그들의 웰빙을 위해 필수적이고, 이러한 상호작용이 긍정교육 프로그램의 중요한 목표이기도 하다(Seligman et al., 2009). 또한, 많은 부모와 교육자들은 학교교육의 중요한 역할로서 학생들의 웰빙과 인성의 증진이라고 생각하고 있고, 많은 부모들은 교육의 중요한 목표가 학생들이 책임감 있는 시민이 될 수 있도록 준비시키는 것이라고 생각하고 있다.

이러한 학교교육의 방향성은 최근에 OECD가 발표한 Learning Compass 2030 보고서에서도 확인할 수 있다(OECD, 2019). 이 보고서는 OECD 교육과 기술의 미래 2030 프로젝트(OECD Future of Education and Skills 2030 project)의 결과물로서, 미래교육의 진화된 학습 체계를 보여주는 것이다. 이것은 교육의 더 넓은 목표인 개인과 조직의 웰빙을 지원하고 우리가 원하는 미래를 향한 지향점을 보여준다. 학습 나침반(learning compass)의 의미는 새로운 환경에서 학생 스스로 길을 찾는 것을 배우는 것의 필요성을 강조하는 것으로서, 그들의 방향을 의미 있고 책임감 있는 방법으로 찾는 것을 말한다. 교육의 목표로서 개인과 조직의 웰빙을 제시하면서, 개인의 웰빙에 영향을 주는 것으로서, 일과 삶의 균형, 교육, 안전, 삶의 만족도, 건강, 시민적 관여, 환경과 공동체 등이 제시되었다(Balestra et al., 2018). 이러한 요소들은 학교현장에서 긍정교육을 통해 학습이 가능한 요소들이며, 이러한 요소의 연습 및 증진을 통해 학생의 웰빙이 증진되고, 학생 개인의 웰빙이 확보 될 수 있을 것이다. 그러므로 이러한 미래교육 체계 변화의 방향성은 긍정교육의 필요성을 더욱 강조하고 있는 것이다. 긍정교육의 대표적 사례들을 아래에 설명하고자 한다.

3. 긍정교육 프로그램 사례

긍정교육 프로그램의 대표적인 사례로서 펜실베이니아 회복탄력성 프로그램(Penn Resilience Program: PRP), 스트래스해븐 긍정심리학 프로그램(Strathhaven Positive Psychology Curriculum), 희망 만들기 프로그램(Making Hope Happen), 감사한 생각 프로그램(Grateful Thinking)을 소개하고자 한다.

3.1 펜실베니아 회복탄력성 프로그램(Penn Resilience Program: PRP)

PRP는 청소년의 우울증을 예방하기 위해 설계된 세계적으로 가장 광범위하게 연구된 교육프로그램 중 하나로서 인지적 행동치료에 기반하고 있고, 이 교육 프로그램의 PRP의 주요목적은 일상의 스트레스와 청소년기의 일상적인 문제들을 관리할 수 있는 능력을 강화시키기 위함이다(Seligman et al., 2009). PRP가 우울증의 증상을 예방 및 감소, 무기력감 감소, 낙관성을 증가시키는 효과가 있고 청소년의 행동적 문제들(공격성, 비행)을 감소시키는 것에 장기적 효과가 있다고 보고되었다(Seligman, 2011).

Gillham과 그의 동료들(2008)이 PRP에 대한 설명과 PRP에서 가르치는 구체적인 인지적 기술들을 소개한 것을 다음에 설명하였다.

PRP는 90~120분 분량의 12번의 집단교육으로 구성되어 있으며,

보통 학교의 교사나 상담가가 운영을 한다. PRP의 교육적 접근법은 세 가지 주요단계를 거친다. 첫째, 가르치는 각 인지적 기술의 개념을 명확하게 정립하도록 하는데, 이는 보통 역할극, 짧은 이야기, 만화 등을 사용하여 그 개념의 기본적은 내용을 학생들이 쉽게 이해할 수 있도록 한다. 둘째, 학생들이 핵심 개념들을 이해하고 나면, 학생들이 배운 그 기술이 실제상황에 어떻게 사용될지를 보여주는 가상의 예시와 함께 교육을 받게 된다. 마지막으로, 학생들은 그 날 배운 기술을 자신의 상황에 적용시켜 보는데, 학생들은 그들이 그 기술을 사용했던 때 또는 사용할 수 있을 상황 등을 집단의 또래 학생들과 공유할 수 있도록 한다. 또한, 주간 과제를 통해서 학생들이 배운 기술을 실제상황에 사용해 보도록 한다.

PRP에서는 청소년들이 경험하는 문제들에 대해 더 현실적이고 융통성 있게 생각하도록 가르쳐서 낙관성을 촉진시키고, 적극성(자기주장), 창의적 브레인스토밍, 의사결정, 문제해결기술과 대처방법 등을 가르친다. PRP에서 가르치는 구체적 기술들을 아래와 같다(Gillham et al., 2008).

▂ 기술 1: ABC 모델

PRP의 목적은 우울증에 대한 인지이론의 가장 중요한 개념들을 확립시키는 것이다. 어떠한 사건의 발생에 의해 우리의 감정과 행동이 나타나는 것이 아니라 우리가 그 사건을 어떻게 해석하는지에 따라 우리의 감정과 행동이 나타난다는 것이다. 이 개념들을 확립하기 위해, Ellis의 ABC모델을 학생들에게 가르치는 것이다. 사건/역경의 발생(Activating event or Adversity)이 그 사건/역경에 대한 자동적 신념(Belief)이나 해석을 촉진하고, 이러한 신념이나 해석이 정서적/행동적 결과

(Consequence)를 이끌어낸다는 것이다. 이 모델에서 신념(Belief)이 사건의 발생(Activating event)과 감정과 행동의 발생(Consequence)을 매개하는 것이다(A-B-C). PRP에서는 학생들이 ABC 모델의 각 요소의 개념과 요소들 간의 관계를 이해할 수 있도록 한다.

기술 2: 인지적 설명양식

PRP는 부정적 사건에 대한 일반적 설명양식에 초점을 맞춘다. PRP에서는 학생들에게 비관적 설명양식과 낙관적 설명양식에 대해서 교육시킨다. 예를 들어, "Gloomy Greg(우울한 그렉)"이라는 사람이 나오는 이야기를 보여주면서 비관적 설명양식을 보여준다. 친구가 그렉에게 학교 농구팀에 지원해 보는 것을 권유할 때, 그렉은 몇 가지 개인적이고 일반적인 부족함을 이야기하면서 농구팀에 지원하는 것이 아무 결실과 가치가 없을 것이라고 말한다. 이와 함께, "Hopeful Holly(희망찬 홀리)"의 이야기에서 같은 상황에서 낙관적 설명양식을 보여주게 된다. 홀리는 비록 농구팀에 지원하는 것이 어렵다는 것을 알지만, 만일 연습을 열심히 한다면 좋은 기회가 될 것이라고 생각하게 된다. 이 두 가지 사례에 대해서 학생들이 다른 설명양식에 대한 감정적/행동적 결과에 대해 논의하도록 한다.

기술 3: 탈파국화-전체적인 관점에서 생각하기

파국적 사고(catastrophic thinking) 또는 부정적 사건에 대한 과장되고 왜곡된 해석의 경향성에 대해 설명한다. 잘 알려진 우화인 "Chicken Little"을 보여주고 파국적 사고에 대해 생각하고 토의할 수 있도록 한다. 역경을 겪을 때 사람들이 가장 부정적 상황에만 자주 초점을 맞추고 이러한 신념이 극도의 불안과 슬픔을 야기하는 부정적 생각들을 촉발한다는 것을 학생들은 배우게 된다. 예를 들어, 부모님 간 논쟁을 목격한 아동은 다음과 같은 생각이 연속해서 날 것이다: 부모님이 싸운다 →그들은 이혼할 거야→아빠는 나를 떠나갈꺼야→나는 앞으로 절대 아빠를 다시 만날 수 없을 거야.

전체적 관점에서 생각하기(The Putting It in Perspectives [PIIP]) 기술은 학생들이 문제가 있는 상황에서 최악의 결과, 최선의 결과, 가장 있을 법한 결과를 생각해보도록 하는 것이다. 예를 들어, 학생들은 최악의 시나리오를 생각해 내는 것은 쉽게 생각하지만(e.g., 그 아동은 다시는 아빠를 만나지 못했다.), 이와 공평하게 긍정적 결과를 생각해내는 것에서는 어려워할 것이다. 최선의 시나리오에 대해 학생들이 논의할 때, 교사는 아주 색다른 긍정적 결과를 상상하도록 부추긴다. 예를 들어, 그 부모님이 다시는 싸움을 하지 않고, 이를 축하하기 위해 전체 가족이 하와이로 긴 휴가를 떠난다는 아주 긍정적인 결과를 상상하도록 교사가 격려한다. 그리고 실현 가능한 최악의 결과와 최선의 결과의 가능성들에 대해 이야기해 준다. PIIP는 최악의 실현가능한 시나리오와 함께 최선의 실현가능한 시나리오도 만들어서 파국적 신념의 비타당성을 보여주는 것이다.

___ 기술 4: 뜨거운 의자(Hot Seat)

뜨거운 의자 기술은 부정적 사고를 빠르게 없애기 위한 것으로, 증거 찾기, 대안 만들어내기, 상황을 전체적으로 보기 등의 기술들이 포함된다. 예를 들어, 어려운 수학시험을 치른다고 상상하게 하고, 그 학생의 수학시험 수행에 대한 부정적 생각을 하도록 한다. 교사는 그 학생의 부정적 사고를 보여주는 말들을 제공한다(e.g., 나는 이 시험을 잘 못 볼 거야, 나는 이 수업에서 좋은 점수를 받을 수 없을 거야, 나는 멍청해). 이에 대한 학생이 해야 할 활동은 이 예시에 대한 믿을 만한 증거 제공, 더 실현가능한 대안적 생각 만들기, 역경에 대한 더 정확한 평가하기 등을 통해서 이러한 부정적 신념들을 반박하는 것이다. 이 활동 동안 교사는 학생이 논리적인 반박을 할 수 있도록 도와주게 된다. 예를 들어, 학생이 문제를 최소화하거나(누가 이런 멍청한 수학시험에 신경을 써?) 문제에 대한 개인적 기여를 부정하는(이 수학문제를 모르는 것은 선생님 잘못이야) 등의 비논린적 반박이 아닌 논리적인 반응을 할 수 있도록 교사는 학생들을 계속 도움을 준다. 학생들은 자신들의 경험에 뜨거운 의자 기술을 적용하여 프로그램 참여기간 동안 여러 번 연습할 수 있도록 한다.

▬ 기술 5: 자기주장(Assertiveness)

개인 간 충돌에 대한 세 가지 행동적 접근법(공격성, 수동성, 자기주장)과 그 접근법들의 결과를 알도록 한다. 학생들은 한 아동과 계속 마지막에 약속을 취소하는 그의 친구 사이의 상호작용을 보여주는 세 개의 작은 연극을 보게 된다. 각 연극은 이러한 상황에서 공격성, 수동성, 자기주장(적극성) 반응에 대해 보여준다. 학생들은 공격적이고 수동적 반응이 문제해결에 실패하도록 한다는 가능성과 세 가지 다른 반응의 이익과 불이익에 대해 논의하도록 한다. 또한, 공격적 반응과 수동적 반응의 문제점에 대해 이해하고, 자기주장을 대안적이고 예방적 접근법으로 소개시킨다.

▬ 기술 6: 이완(Relaxation)

PRP에서는 다양한 이완의 기술들을 가르치는데, 심호흡, 점진적 근육이완, 긍정적 상상 등이다. 이러한 전략들은 강한 부정적 감정들이나 통제하기 어려운 스트레스 유발 상황들(가족 간 충돌처럼 인지 재정립 같은 효과적인 대처전략들을 사용할 수 없는 상황들)에 대한 대처방안으로 사용될 수 있다. 이완 기술의 목표는 경험하는 부정적 감정들(슬픔, 불안 등)을 수정하려는 것이 아니라 감정의 강도를 완화시키는 것이다. 그 감정들이 관리 가능할 때, 아동은 그 상황들을 정확하게 평가하기 위한 인지적 기술들을 사용할 수 있게 되고 적절한 대처 전략들을 개발할 수 있게 되는 것이다.

▬ 기술 7: 문제해결

PRP의 마지막 기술은 문제해결 5단계이다. 문제상황을 경험할 때, 학생들은 1) 멈추고 생각하자, 학생들이 문제상황을 잘 해석하고 타인의 관점을 정확하게 해석했는지 확인한다, 2) 목표 확인, 3) 가능한 해결점 목록을 만들기 위한 브레인스토밍, 이 목록들에 그동안 배운 기술들과 자기주장 기술을 쓰도록 한다, 4) 실현가능한 결과를 생각하고 다른 해결책의 장점과 단점 목록을 만드는 것을 통해서 결정내리기, 5) 해결책 수행하기. 이 5단계를 실행한 후에 학생들은 그 5단계의 과정을 되짚어 보면서(보통 3단계부터 시작) 결과를 평가하도록 한다.

3.2 스트래스해븐 긍정심리학 프로그램
(Strathhaven Positive Psychology Curriculum)

Seligman 등(2009)은 스트래스해븐 긍정심리학 프로그램에 대해 소개하였다. 이 긍정심리학 프로그램은 청소년을 위한 긍정심리 교육과 정의 첫 번째 실험적 연구이다. 긍정심리학 프로그램의 주요목적은 청소년들이 1) 자신의 성격강점을 확인하고, 2) 일상생활에 그들의 성격 강점을 사용할 수 있도록 하는 것이다. 이 교육 프로그램의 목표 강점 (e.g., 친절, 용기, 지혜, 인내)은 VIA 분류표에 설명되어진 것으로 문화적 또는 역사적으로 가치 있는 것들이다. 또한, 이 프로그램은 학생들의 탄력성, 긍정정서, 삶의 의미와 목적에 대한 생각 등이 증진될 수 있도록 하는 것이다. 이 교육프로그램은 약 80분 분량의 20~25개의 수업으로 구성되어 있고 9학년을 대상으로 한다. 대부분의 수업은 성격강점 또는 다른 긍정심리 개념과 기술에 대한 토론, 수업활동, 긍정심리 개념이나 기술을 자신의 생활에 적용해 보는 실생활 과제, 그에 대한 자아성찰 보고서 등을 포함한다.

이 긍정심리학 프로그램에서 사용되었던 예시를 살펴보면, 세 가지 좋은 것(Three Good Things)과 대표강점을 활용하는 새로운 방법 (Using Signature Strengths in a New Way)이다(Seligman et al., 2009).

세 가지 좋은 것

이 활동은 학생들이 하루에 일어난 세 가지 좋은 점을 쓰도록 교육하는데, 이는 작지만 중요한 일일 수도 있고("오늘 언어학 수업에서 어려운 질문에 맞는 답을 말했다") 또는 크고 중요한 일일 수도 있을 것이다

("내가 오랫동안 좋아했던 아이가 나에게 데이트 신청을 했다"). 좋은 일 세 가지를 쓴 후, 각 좋은 일 옆에 "왜 이 좋은 일이 너에게 일어났지?", "이것이 너에게 무슨 의미일까?", "미래에 더 좋은 일들이 일어나도록 너는 무엇을 할 수 있을까?" 등의 질문 중의 하나에 대한 생각을 쓰도록 한다.

▬ 대표강점을 활용하는 새로운 방법

이 활동은 학생들의 대표강점을 파악하고 이를 실생활에 사용하는 것이 삶의 만족도를 더 상승시킨다는 믿음에서 시작되었다. 학생들의 VIA 대표강점 검사(VIA Signature Strengths test for children)를 받고, 학생들이 자신과 타인의 대표강점을 확인하고, 그 대표강점을 도전적인 상황을 극복하는 것에 사용할 수 있거나 또는 새로운 방법으로 대표강점을 실생활에 적용할 수 있도록 하는 등의 내용을 포함하는 수업들을 듣게 된다. 이 긍정심리학 프로그램은 학생들이 학교생활의 즐거움과 몰입하게 되었다는 학생들의 보고를 증가시켰다. 교사들도 이 교육 프로그램이 학교생활의 즐거움과 몰입과 관련된 강점(e.g., 호기심, 학구열, 창의성)들을 증가시켰다고 보고하였다. 또한, 교사와 부모들은 이 프로그램이 학생들의 사회적 기술, 예를 들어 공감, 협동, 자기주장, 자기통제 등이 향상되었다고 보고하였다.

3.3 희망 만들기(Making Hope Happen, MHH)

Pedrotti와 그의 동료들(2008)은 희망에 대한 설명과 함께 MHH 프로그램의 구체적 교육내용에 대해 다음과 같이 설명하였다.

희망(hope)은 목표를 주도하는 힘(주도성)과 목표에 도달하고자 하는 계획(경로)을 바탕으로 한 긍정적 동기부여의 상태를 의미한다. 희망은 목표사고(goal thinking), 경로사고(pathway thinking), 주도사고(agency thinking)로 구성되어 있는데, 목표는 인간 정신활동의 목적이며, 목표사고는 명확한 목표를 개념화하는 것이다. 경로사고는 목표 달성을 위해 필요한 정신적 능력으로서 목표에 대한 장애물을 처리하고 해결방법이나 대안을 찾는 등 구체적 전략을 만드는 능력을 의미한다. 예를 들어, 아동이 축구를 배울 때, 연습할 시간을 찾는 것이 어려울 것이다. 이런 경우, 그 아동이 학교 후 활동의 우선순위를 매기고, 친구들과의 구체적 연습시간을 계획하고, 축구연습시간을 늘리기 위해 개인적 보상체계 등을 만드는 등의 다양한 방법을 고안해낸다면, 그 아동은 축구를 잘하기 위한 목표를 달성하기 위한 구체적 전략들을 만들어 내는 경로사고를 잘 사용한 것이다. 마지막으로 주도사고는 목표달성을 위한 활동들을 유발하고 지속시키는 동기를 의미하고, 의지력(willpower)이라고도 말하는 주도사고를 가진 사람들은 목표달성의 장애물을 없애고 목표달성에 집중할 수 있는 정신적 에너지를 잘 활용할 수 있다. 축구를 더 잘하고자 하는 아동의 주도사고는 축구 연습을 계속 하도록 하고, 축구능력 향상에 집중하고, 축구를 잘 하려는 목표 달성을 위해 계속 노력하도록 스스로 동기부여를 지속적으로 할 수 있도록 한다.

MHH는 희망이론을 바탕으로 만들어진 교육프로그램으로서 희망의 핵심요소인 목표, 주도사고, 경로사고를 촉진시키는 내용으로 구성되었다. 이 프로그램은 5개의 세션(45분 분량)으로 구성되어 있고, 8-10명의 중학생으로 이루어진 집단들을 대상으로 기획되었다. 이 프로그램은 희망이론에 대한 간단한 설명을 시작으로 다양한 활동과 상호작용을 통해서 중학생들이 자신의 일상생활에서 희망이론을 사용할 수 있도록 돕도록 기획되었다. MHH의 구체적 내용은 다음과 같다 (Pedrotti et al., 2008).

MHH 프로그램에 앞서 학생들의 희망을 아동 희망척도(Children's Hope Scale)를 사용하여 측정한다(Snyder et al., 1997). 그 후 5주에 걸쳐 교육프로그램을 실시한다.

Week 1

다양한 포스터와 만화 등을 사용하여 희망이론과 희망모델에 대한 설명과 경로사고, 주도사고, 장애물 등에 대해 설명한다. 또한, 높은 희망을 가진 사람에 대한 묘사를 소개하여, 학생들이 높은 희망에 대한 전략과 설명을 확인할 수 있도록 한다. 집단토론을 통해서 위에서 이야기 한 것들을 모든 학생들이 이해할 수 있도록 촉진한다. 마지막에, "Hope Buddy(희망친구)"라는 이름으로 학생들을 2명씩 조를 만들어 주고, 5주 간 계속 희망친구로서 함께 의사소통하도록 한다. 이 희망친구는 프로그램 전에 측정한 희망의 측정점수에 따라 조를 만드는데, 예를 들어 희망 점수가 높은 학생은 희망 점수가 낮은 학생과 짝이 된다. 마지막으로, 학생들에게 이 프로그램이 진행되는 5주 동안 추구하고 싶은 목표를 고민해 보도록 한다. 이 목표는 클 수도 있고 작을 수도 있을 것이나 5주 안에 달성할 필요는 없지만, 한 가지 꼭 충족시켜야 할 점은 그 목표가 긍정적이어야 한다는 것이다. 예를 들어, 한 집단의 학생들이 부정적 목표를 만들어 낸다면(e.g., "나는 내 여동생과의 싸움을 그만하기를 원한다."), 집단의 대표나 교사는 더 긍정적인 표현으로 다시 목표를 만들도록 할 것이다(e.g., "내 여동생과 더 친하게 지내기를 원한다.").

Week 2

첫 번째 주에 했었던 내용을 새로운 묘사들을 통해서 상기시켜준다. 그리고 G-Power라는 개념을 소개해 준다. 각 글자는 희망 모델의 특정 요소를 상징하는 것인데, G=goals(목표), P=pathways(경로), O=obstacles(장애물), W=willpower(의지력), E=evaluate your process(과정 평가), R=rethink and try again(다시 생각하고 재시도)이다. 학생들은 이 약어를 사용하여 희망 모델의 단계들을 기억하도록 훈련받는다.

Week 3

G-Power에 대해 다시 설명하여 학생들이 이에 대해 상기할 수 있도록 한다. 그리고, Hope Game(희망 게임)을 소개한다. 이 보드게임은 경로사고와 주도사고를 강화하고, 경로사고와 주도사고 모두 목표달성을 위해 필요하다는 것을 강조하기 위해 개발되었다. 매 세션 마지막에 희망친구와 만나서 그 주 동안에 목표달성의 과정을 논의한다.

Week 4

Hope Talk(희망 말하기) 개념이 소개된다. 학생들은 비희망적인 문장(e.g., "나는 수학을 절대 잘할 수 없어.")을 희망적인 문장(e.g., "수학은 내가 제일 잘하는 과목은 아니지만 수학을 잘 하기 위한 전략들을 쓸 수 있어.")으로 바꾸도록 설명한다. 또한, 역사적 인물(e.g., 마틴 루터 킹)이나 지역인사(e.g., 대학 배구코치)의 말들을 자신의 희망 수준에 따라 평가하도록 한다. 마지막으로, 학생들은 자신이 선택한 목표와 5주 동안 그 목표달성을 위한 과정에 대해 설명하는 자신의 희망 이야기를 쓰기 시작한다.

_ Week 5

마지막 주인 5주차에 학생들은 집단 구성원들 앞에서 자신의 완성된 희망 이야기를 읽는다. 이 날은 목표달성의 과정이 완성됨을 축하하는 의미로 다과와 음료를 제공하고, 학생들은 서로 그들의 목표 달성의 과정과 다음 단계 등에 대해 서로 긍정적인 피드백을 준다.

3.4 감사한 생각(Grateful Thinking)

Froh와 동료들(2014)은 긍정교육의 내용으로서 '감사'에 집중하여 '감사한 생각' 프로그램을 개발하여 아동들에게 적용시켰고, 아래와 같이 감사에 대한 설명과 감사한 생각 교육 프로그램의 구체적 내용을 설명하였다.

도움을 주고 받는 것은 건강한 발달과 번영에 핵심적 요소이다. 감사(Gratitude)는 이타주의나 협력에 있어서 중요한 감정인데, 이는 사람들이 타인과의 이익적 교환을 인지하고 이해하고 활용할 수 있게 하는 감정이기 때문이다. 감사는 타인이 나에게 친절한 행동을 했다는 것을 인정할 때 느끼는 감정이다. 특히, 사람들이 자신에게 주어진 이익에 대한 반응으로서 감사를 경험하는 것인데, 이는 사람들이 그 이익이 자신에게 가치있다고 지각하거나, 그 이익이 의도적이거나 이타적으로 제공되었거나, 이익을 제공하는 자가 많은 대가를 치러야 한다고 지각할 때 감사를 느끼게 되는 것이다. 이처럼 감사는 구체적 지각과정을 통해 생겨나게 되는 감정이므로, 감사를 느끼는 횟수와 강도를 증가시키기 위해 지각을 변화시키는 것이 중요하기 때문에 이 프로그램에서는 지각의 변화에 초점을 맞추었다.

Grateful Thinking 교육 프로그램은 이득에 대한 평가(Benefir Approaisal)를 증가시키도록 하는 교육 프로그램이다. 초등학생을 대상으로 한 이 프로그램은 5주 교육 프로그램이다(Froh et al., 2014).

Week 1

교사의 자기소개와 함께 앞으로의 프로그램에 대한 설명을 한다. 교사가 '감사하는(thankful)' 단어를 쓰고, 학생들에게 이 단어의 의미에 대해 논의할 수 있도록 지도한다. 교사는 학생들에게 일기장을 나누어 주고, 이것을 감사일기장(gratitude journals)으로 부르며, 이 감사일기장에 학생들이 가장 고마워하는 3가지 일을 쓰도록 설명한다. 또한, 교사가 '감사란?'이라는 동영상을 보여주는데, 이 동영상은 감사 관련 다양한 용어와 감정들을 포함하고 있다. 마지막으로, 교사는 학생들에게 오늘 무엇을 배웠는지 요약하도록 하고, 그들이 감사하게 생각하는 다른 것들도 생각하여 다음시간에 공유할 것이라고 설명한다.

Week 2

교사는 지난 시간에 배운 내용을 점검하고 지난 시간에 내준 과제를 점검한다. 교사는 오늘 수업에서는 감사한 느낌에 더 이야기 해 볼 것이라고 설명하고 '의도적(intentional)'이라는 단어의 뜻에 대해 알아볼 것이라고 설명한다. 학생들은 감사일기장을 가지고 와서 집단활동을 하는데, 교사가 읽어주는 두 문장에 대한 질문에 대답한다. 교사는 감사일기장에 누군가 학생들을 돕기 위해 애를 쓴 상황에 대해 쓰도록 한다. 마지막에 교사는 이번 세션에 대해 정리하고, 다음 시간을 위해 학생들이 감사함을 느낀 순간을 찾아오도록 과제를 내준다.

Week 3

교사는 지난 시간을 복습하고 지난 시간에 내주었던 과제를 점검한다. 이어서, 교사는 학생들에게 '희생(cost)'이라는 단어를 설명하게 하고, 그 단어의 다른 의미들을 가르친다. 그리고, 이 단어가 누군가를 위해 어떤 것을 포기할 때를 의미한다는 것도 설명한다. 교사는 '아낌없이 주는 나무(The Giving Tree)'라는 책을 읽고, 그 책 내용을 학생들이 함께 토론할 수 있도록 이끌어 준다. 학생들에게 나뭇잎 사진을 보여주고, 나무가 학생들을 위해 한 것들에 대한 감사를 표현하기 위해 학생들이 할 수 있는 것을 한 가지씩 쓰도록 한다. 학생들은 감사일기장에 그들을 돕기 위해 누군가가 노력한 내용을 쓰게 된다. 교사는 오늘 배운 내용을 정리하고, 다음 주를 위한 과제로서 누군가 그들을 도왔던 여러 순간들과 그들이 한 것들을 써 오도록 한다.

Week 4

교사는 지난 시간의 내용을 점검하고 지난 시간에 내준 과제를 살펴본다. 교사는 '이득(benefit)'의 의미를 설명하고 감사와 관련된 이득의 예시를 제시하도록 한다. 교사는 학생들이 감시일기장에 타인들이 그들을 돕기 위해 했던 것들을 쓰게 한다. 강사는 오늘의 내용을 정리하고, 이번 한 주 동안 누군가가 그들을 도왔던 때와 그것의 이득이 무엇인지 생각해 보도록 과제를 내어야 한다.

Week 5

교사는 이전 교육 내용을 검토하고 지난 시간의 과제를 점검한다. 칠판에 세 가지 요소(의도, 희생, 이득)와 '감사하는' 단어를 함께 쓴다.

교사는 학생들이 감사함을 느끼는 역할극을 하도록 수업을 진행한다. 감사일기장에 학생들은 누군가가 그들을 돕기 위해 애를 쓴 때를 쓰고, 그것의 의도, 희생, 이득을 설명한다. 교사는 "감사댄스(The Gratitude Dance)"라는 동영상을 보여준다. 마지막으로, 교사는 이번 세션에서 이야기 되었던 것들을 정리한다.

4 예비교사 대상 긍정교육의 사례

교육전문가로서의 교사는 학교현장에서 학생들의 학습과 학업몰입에 긍정적으로 기여하는 가장 중요한 존재이다(Seligman & Adler, 2019). 학생들은 교사를 통해서 미래를 준비하기 위한 지식과 기술을 포함하여 삶에 대한 태도와 가치 등 인생에서 중요한 것들을 배우게 되므로 교사의 전문성, 정신건강, 웰빙에 대한 관심은 지극히 당연할 것이다. 하지만, 현직 교사들은 계속적으로 증가하는 여러 가지 요구들, 행정적 부담, 교사의 책무성 등으로 인한 소진(burn-out) 때문에 교직을 떠나게 되는데, 전 세계적으로 초임 교사의 53%가 첫 5년 안에 학교현장을 떠난다고 한다(Seligman & Adler, 2019). 이는 교육의 전문성을 가진 우수한 인재를 잃게 되는 것이고, 우리 교육현장에 부정적인 영향을 주게 되는 것이다. 여러 가지 환경적, 개인적 이유로 소진을 느끼는 교사들은 학생들의 교육에 집중하기 어렵고, 웰빙을 경험하지 못하는 교사가 학생들의 긍정교육에 나서기는 어려울 것이다. 교사가 행복해야 학생에게 행복을 가르칠 수 있으므로, 사범대학에 재학 중인 예비교사를 대상으로 한 긍정교육은 그들의 웰빙에도 기여하지만, 미래에 그들이 가르칠 학생들에게 긍정교육을 가르칠 수 있는 자원을 축적한다는 개념도 있을 것이다. 그리하여 예비교사를 대상으로 한 수업에서 긍정교육 프로그램을 제공하여 예비교사들이 직접 긍정교육을 경험해 보고, 스스로의 웰빙 증진을 위한 방법을 경험함으로써 미래의 학생들에게 자신들이 느꼈던 긍정교육의 좋은 점을 더 잘 전파할 수 있을 것이다. 스스로 경험해 보았기 때문에 더욱 긍정교육의 방향성이나 구체적 방법을 창의적으로 개발하고 수행하는 것에 도움이 될 것이다(Seligman & Adler, 2019).

위에서 사용되었던 긍정교육 프로그램의 예시들을 바탕으로 예비교사를 대상으로 하는 수업에 적용한 사례를 소개하고자 한다.

4.1 교육대상

C 대학교 사범대학에 재학 중인 예비교사 11명을 대상으로 긍정교육 프로그램을 실시하였다. 이 학생들이 수강한 교과목은 '인성교육론'으로써 긍정심리학을 기반으로 인성교육에 대한 지식을 제공하면서, 향후 교사가 되었을 때 학생들에게 제공할 수 있는 긍정심리 기반 인성교육 프로그램을 몸소 경험함으로써 학생들의 입장에서 이 프로그램들을 경험해 보는 것이 필요하다고 생각되었다. 직접 교육프로그램을 경험함으로써 향후 인성교육 프로그램을 개발할 때 이 긍정교육의 경험이 큰 기여를 할 것으로 기대하였다.

4.2 교육 프로그램 소개

이 활동들의 교육적 접근은 위에서 살펴봤던 대표적 긍정교육 프로그램에서 사용했던 긍정심리 개념에 대한 이해⇒실제 상황에 적용⇒자아성찰 보고서 작성 및 공유의 순서로 수업활동을 운영하였다. 이 수업에서는 긍정심리 기반 인성교육에 대한 지식을 제공하기 위해 긍정심리학, 긍정심리 관련 심리적 요소에 대한 지식을 제공하고, 이러한 심리적 요소를 증진시킬 수 있는 긍정교육 수업활동에 참가하도록 하였다. 수업활동 후 이에 대한 자아성찰 보고서를 작성하는 것으로 활동을 마무리하도록 설계하여, 학생들이 긍정심리에 대한 이해, 이를 실생활에 적용, 적용 후 자아성찰의 과정을 겪으면서 긍정교육 프로그램을 그저 경험하는 것을 넘어 자신만의 지식과 경험으로 만들 수 있도록 수업을 설계하였다. 학생들이 참가한 대표적 활동을 아래와 같이 소개하고자 한다.

▄ 성격강점 증진 활동

긍정심리학의 VIA에서 분류한 24가지 성격강점에 대한 정보를 제공한 후, 간이 VIA 성격강점 검사를 실시한다. 이 검사 결과를 바탕으로 자신의 높은 수준의 성격강점과 낮은 수준의 성격강점을 파악할 수 있도록 하고, 이 결과를 바탕으로 자신의 성격강점 증진 활동을 기획해 보는 수업활동에 참가하게 된다. 학생들에게 24가지 성격강점을 증진하는 활동의 예시들을 제공하여, 이 예시들 중 자신이 할 수 있는 활동을 선택하여 2주 간 활동해 보도록 하고, 2주 후에 그 결과를 학생들과 공유하도록 하는 활동이다. 또한, 본인의 활동에 대한 자아성찰 보고서를 작성하도록 하였다.

　예를 들어, 성격강점 활동에 대한 안내에 앞서 성격강점에 대한 설명을 하고, 자신의 성격강점을 측정하는 간이 성격강점검사를 실시한다. 이를 통해 학생들은 자신의 높은 성격강점과 낮은 성격강점을 알 수 있다. 이를 바탕으로, 학생들은 자신이 증진시키고 싶은 성격강점 2개를 선택하게 된다. 예를 들어, 학생A는 성격강점검사에서 가장 높은 점수를 받은 항목은 10점인 '감사, 신중함'이었으며, 그 다음으로 높은 것은 9점인 '친절, 사회성, 사랑, 용서, 유머'이다. 가장 낮은 성격강점은 4점으로 '판단력'이었으며, 그 다음으로 낮은 것은 5점인 '호기심, 용감

표 1　성격강점 증진방안

성격강점	증진방법
호기심	- 내가 모르는 주제에 대한 강의를 듣는다. - 익숙하지 않은 음식을 하는 식당을 방문한다. - 우리 동네에 새로운 곳을 발견하고, 그곳의 역사에 대해 배운다.
감사	- 하루 동안 내가 얼마나 "감사합니다."라고 말하는지 세어 보고, 일주일 동안 그 횟수를 늘려 간다. - 매일 하루를 마감하고, 잘 되었던 일 세 가지를 쓰고 왜 잘 되었는지 이유를 쓴다. - 한 달에 한 번씩 감사의 편지를 써서 감사 방문을 한다.
친절	- 나에게 있는 것들을 다른 사람들에게 빌려주라 - 내가 알고 있는 사람들을 위해 일주일에 세 번 무엇이든 세 가지 친절한 행동을 하라(친구들이나 이웃들에게 작은 호의를 베풀기, 슬픈 일을 겪고 있거나 또는 아픈 친구에게 전화걸기, 시험 때문에 바쁜 친구를 위해 대신 시장 봐주기, 아기 돌봐주기 등) - 운전 중 보행자에게 양보하고, 보행할 때는 운전자에게 양보한다.
감상력	- 자연 경치나 사랑하는 사람들을 사진에 담고 그것을 컴퓨터 바탕화면으로 삼아보라. - 매일 내가 보았던 가장 아름다운 것에 대해 일기를 쓴다. - 적어도 하루에 한 번은 멈춰 서서 일출이나 꽃, 새의 노래 소리와 같이 자연의 아름다움을 느낀다.

출처: Seligman, 2002

성, 끈기'였다고 보고하였다. 그리고, 이 결과를 바탕으로 낮은 성격강점과 높은 성격강점에서 각각 1개씩 골라서 호기심과 친절을 선택하고, 제공된 성격강점 증진 활동목록 중 본인에게 적절한 활동을 선택하여 2주 간 활동을 하도록 하였다. 이를 위해 학생들에게 제공된 성격강점 증진 활동목록의 몇 가지 예시를 〈표 1〉에 제시하였다.

▬ 감사일기 쓰기 활동

감사를 증진시키는 방법으로 매주 2번씩 감사한 일을 열거해보는 감사일기 쓰기 활동을 8주에 걸쳐서 실시하였다. 첫 4주 동안은 카카오톡 오픈 채팅방에서 1주일에 2회 감사일기를 쓰고, 이에 대한 교수와 동료의 피드백을 받도록 하였다. 오픈채팅방에서 감사일기를 쓸 때, 첫 2주 동안은 자신, 타인, 상황에 감사할 일 3가지를 쓰도록 하였고, 이는 담당 교수도 감사일기를 써서 학생들이 모델링을 하고 감사일기를 쓰는 형식을 파악할 수 있도록 하였다. 예를 들어, 학생들은 교수자가 만든 오픈 채팅방으로 익명으로 입장한 후, 교수자가 감사일기 쓰기에 대해 안내를 한다. 감사일기를 쓰는 날짜에(이 활동의 경우 매주 화요일과 목요일) 공지를 하고 교수자가 먼저 감사할 일 세 가지를 오픈 채팅방에 올린다. 실제 오픈 채팅방에서 사용했던 글은 아래와 같다.

오픈 채팅방 감사일기 쓰기 활동의 첫날입니다. 여러분은 익명으로, 저는 실명으로 감사일기를 쓸 것이니까 부담스러워하지 말고 감사한 일 3가지를 써 주기 바랍니다. 그러면, 그에 대해 나와 동료 학생들이 긍정적인 말이나 이모티콘으로 피드백을 할 거예요. 그럼, 제가 먼저 감사일기 시작할게요.

1. 오늘 더운데 여전히 에어컨이 가동되어서 시원하게 있을 수 있음에 감사합니다.
2. 어제 안 좋은 감정이 올라올 때 잘 다스려서 큰 문제 없이 다시 일상적인 감정으로 돌아 올 수 있음에 감사합니다.
3. 어제의 나쁜 감정 다스림이 오늘 새로운 일을 시작할 계기를 만들어 줌에 감사합니다.

위와 같이 감사일기 쓰기의 예시를 학생들에게 보여줌으로써, 교수자가 감사일기 쓰기에 직접 참여함과 동시에 학생들에게 감사일기 쓰는 방법을 보여주는 예시가 될 수 있었다. 교수자는 오픈 채팅방에서 4주 동안 감사일기 쓰기 활동을 함께 하면서 학생들의 감사일기에 긍정적 피드백을 주고 학생들이 감사일기를 정기적으로 쓸 수 있도록 학생들을 관리하는 역할도 했다.

나머지 2주 동안 매주 2번씩(화요일, 목요일) 감사한 일 3가지와 함께 왜 그것이 감사할 일인지도 함께 쓰도록 지도하였다. 교수자의 감사일기가 예시가 되어서 학생들이 감사한 일 세 가지와 왜 감사한지를 쓰는 방법을 익히게 된다.

이번 주 부터는 감사한 내용 3가지와 함께 왜 감사한지도 함께 쓰도록 합니다. 그럼, 나부터 오늘의 감사일기 시작하겠습니다.
1. 올해 독감이 대유행이라서 걱정하고 있었는데, 그저께 다행히 독감주사를 맞을 수 있는 기회가 생겨서 제때에 맞을 수 있었음에 감사합니다.
2. 가지고 있는 구두들이 발에 잘 맞지 않아서 구두를 신으면 발이 아프고 스트레스를 받았는데, 주말에 발이 편하고 맘에 드

는 구두를 살 수 있었음에 감사합니다.

3. 어머니와 함께하는 시간이 부족해서 항상 죄송한 마음이었는데, 주말에 함께 즐거운 시간을 보내면서 어머니와 함께 할 수 있었음에 감사합니다.

나머지 4주 동안에는 오픈 채팅방에서 공개적으로 감사일기 쓰는 것이 아니라 개인적으로 일주일에 2회씩 감사일기를 쓰도록 지도하였다. 첫 4주 동안 오픈 채팅방에서 감사일기 쓰기의 방법을 익혔기 때문에 나머지 4주 동안 개인적으로 자발적으로 감사일기를 쓰는 것에 어려움이 없게 하였다. 이 4주 동안 비공개적인 방법(개인적 일기장 또는 비공개 온라인 앱 사용 등)으로 감사한 내용 3가지와 왜 감사한 일인지에 대한 내용을 한 주에 두 번씩 쓰도록 하였다.

첫 4주 동안 사회적 피드백을 받으면서 공개적으로 감사쓰기 활동과 나머지 4주 동안 개인적으로 비공개적 감사쓰기 활동을 했을 때의 감정과 생각의 변화, 8주 간 감사일기 쓰기를 하면서 나타난 감정과 생각의 변화를 바탕으로 자아성찰 보고서를 작성하도록 하고 이것을 수업시간에 전체적으로 공유하는 시간도 가졌다.

4.3 수업활동에 대한 학생들의 자아성찰

긍정심리학 개념을 이해한 후, 이를 실제적으로 적용하는 수업활동을 실시하였고, 이에 대한 자신의 생각과 감정을 되돌아보는 자아성찰 보고서(reflection paper)를 과제로서 제출하도록 하였다. 자아성찰 보고서를 바탕으로 수업시간에 자신의 활동과 느낀 점을 다 함께 공유하는 시간도 가졌다. 학생들의 자아성찰 보고서를 보면 긍정교육 수업활동을 통해 자신의 긍정적 변화를 확실하게 느끼고, 그러한 변화를 스스로 새롭게 느끼며 이러한 활동의 중요성을 깨닫는 것 같았다. 향후에도 이러한 활동을 자신들의 일상생활에 적용하고자 하는 기대를 표시하기도 하였다. 학생들의 자아성찰 보고서의 일부를 학생동의를 받아서 아래에 제시하였다.

(학생A) 성격강점 증진 활동을 하기 전과 후의 내 모습은 꽤 달랐다. 2주라는 짧은 시간 동안 활동을 했음에도 불구하고 훨씬 더 감성적이고 긍정적인 사람이 되었다. 표현하고, 또 표현 받으며 얻는 소중한 감정들과 풍경과 사람으로부터 느끼는 진한 아름다움은 나의 일상을 더욱 윤택하고 알차게 해주었다. 긍정적으로 살아가다 보니 개인적으로는 스트레스도 훨씬 줄어든 것 같고 나와 주변을 세심하게 살핌으로써 이에 대한 이해도 깊어진 것 같다. 성격강점 활동을 시작하기 전에, 검사 결과 내가 높은 점수를 얻었던 강점들을 삶에서 발휘하며 일상의 행복을 늘리고 싶다는 나만의 바람도 품었는데, 이것도 꽤 달성한 것 같아 뿌듯한 마음이다. 대학생으로서 수업을 듣고 과제를 하고 가끔 친구들과 시간을 보내는 단조로운 일상에 긍정적인 활동을 꾸준히 실천하게 되니 삶에 대한 즐거움과 만족도가 상승했다. 단순히 '사랑'과 '감상력'이라는 나의 성격강점을 발휘한 것뿐인데 삶의 질과 내가 느끼는 행복도가 높아진 것이다. 사실나는 단기간에 삶의 질과 행복을 높이기 위해서는 돈이나 좋은 환경, 좋은 기회 같은 외적인 요소들이 동반되어야 한다고 생각했는데, 이렇게 자발적으로 내적인 요소를 통해 삶의 긍정적인 변화를 경험한 것이 신기했고 동시에 과거 나의 편협한 생각에 대해서 반성하게

되었다. '행복은 멀리 있는 것이 아니다'라는 말처럼 행복은 자신이 어떻게 말하고 행동하느냐, 살아가느냐에 달린 것임을 실감하기도 했다.

(학생B) 오픈채팅방에 감사일기를 보낼 때는 동료들의 피드백을 받을 수 있어서 함께 공유한다는 기분이 많이 들었는데, 혼자 작성을 할 때는 내 하루의 감사함에 대한 피드백이나 반응을 받을 수 없어서 단지 아무도 보지 않은 하나의 기록물이 된 것 같음에 아쉬움을 많이 느꼈다. 나는 이러한 감사일기를 작성하면서 나 스스로에 대해 많이 알아갈 수 있었다. 감사일기를 다시 읽어보면서 내가 감사하는 대상이 주로 친구들이나, 친구들과 함께 있던 상황이라는 것을 알고 내 인생에서 친구라는 존재가 얼마나 중요한 부분인지 깨닫게 되었다. 또한 감사일기를 벽에 부착해보고 그것을 계속 읽어보면서 기분이 좋지 않거나 우울한 날에는 기분을 스스로 전환할 수 있는 하나의 방법을 마련할 수 있게 되었다. 또한 감사일기 중 '기쁘다'라는 말을 많이 사용하고 있었는데, 나는 나에게 '기쁨'이라는 감정을 주는 대상에게 고마워한다는 것을 깨닫게 되었다. 활동이 끝난 후에도 가끔 일상 속에 특별한 일이 있으면, '아, 이거 감사일기로 쓰면 좋을 텐데'라는 생각을 떠올리면서 꼭 하루를 성찰해서 감사한 부분을 찾는 것이 아니라 그 순간에 바로 스스로의 감사한 마음을 발견할 수 있게 되었다. 또한 꼭 기록하고 싶은 너무나도 감사한 마음을 많이 느꼈던 하루가 있다면 아무런 두려움과 어려움 없이 바로 감사한 일들을 휴대전화 메모장에 기록하게 되었다. 이 감사일기 활동이 처음에는 왜 감사일기를 쓰는지에 대한 의문만 가득하였다. 그

러나 이제는 어떠한 상황에서도 불현듯 사소한 일에 감사함을 느낄 수 있음에 감사일기 작성 전과 후에 많은 변화가 생겼다는 것을 알 수 있었다.

5 마무리

학교에서 긍정심리학의 개념들을 이해하고 연습할 수 있도록 하는 긍정교육은 아동 및 청소년의 성공적 학습 및 웰빙 증진을 위해 필수적일 것이다. 긍정심리학이 20년 이상의 시간동안 학교현장과 교육에 적용될 수 있도록 많은 연구와 실행이 지속적으로 되어 왔고, 한국에서도 많은 연구와 교육에의 적용이 계속되어 왔다. 하지만, 한국에서의 긍정교육은 체계화가 되지 않고, 학교나 교사가 개별적으로 수행하는 것에 머물러 있다. 예를 들어, 많은 나라에서는 긍정교육 관련 공식 웹 사이트가 있고 국제적인 연결이 체계화되어 있지만(e.g., The International Positive Education Network, [IPEN]), 한국은 아직 이러한 관계망에 포함되지 않고 있다. 또한, 다른 나라에서는 학생만을 긍정교육의 대상으로 보지 않고, 학교 전체를 긍정교육으로 대상으로 보고, 학생, 교직원, 부모 모두가 긍정교육을 받을 수 있도록 교육과정을 만든 사례들이 있다. 대표적으로 호주 질롱 그래머 학교(Geelong Grammar School) 프로젝트는 학교에 소속된 학생, 교직원, 교사뿐 아니라 학부모, 지역사회까지 긍정교육에 포함될 수 있도록 한 사례이다(Seligman, 2011).

한국은 이러한 학교 전체에 적용되는 긍정교육 사례는 아직 보고된 적이 없는 상태다. 한국의 긍정교육이 교사 개인이 교실현장에 긍정교육을 적용하는 수준을 벗어나, 좀 더 체계적이고 전체적 관점에서 긍정교육을 이해할 필요가 있으며, 이를 적극적으로 학교현장에 적용시키고자 하는 정책적 시도가 절실하다. 아동과 청소년이 웰빙과 행복을 이해하고 연습하여 자신에게 주어진 부정적 상황 안에서도 자신만의 방법으로 웰빙을 만들어 갈 수 있도록 지도하는 것이 긍정교육을 통해 가능할 것이다. 이를 위한 예비교사와 현직교사, 학교 전체에 대한 긍정교육도 필요할 것이다. 한국의 입시 위주의 교육현실로 인한 높은 수준의 학업 스트레스, 학교폭력과 대인관계의 미숙 등으로 교사와 학생의 우울증과 불안이 계속 증가하는 현 시점에서 이를 완화할 수 있도록 학교의 문화와 교사와 학생의 관점을 긍정적으로 변화시킬 수 있는 방법으로서 긍정교육이 학교현장에 체계적으로 적용될 수 있도록 해야 할 것이다. 또한, 위에서 제시했던 예비교사 대상의 긍정교육 사례에서 카카오톡 오픈 채팅방을 사용했던 것처럼, 긍정교육의 방법을 현대의 기술과 접목시켜 학생들이 쉽게 경험할 수 있도록 하는 다양하고 창의적인 방법을 고민하는 것도 필요하다.

📖 참고문헌

Alex Linley, P., Joseph, S., Harrington, S., & Wood, A. M. (2006). Positive psychology: Past, present, and (possible) future. *The Journal of Positive Psychology*, *1*(1), 3−16.

Arslan, G., & Burke, J. (2021). Positive education to promote flourishing in students returning to school after COVID−19 closure. *Journal of School and Educational Psychology*, *1*(1), 1−5.

Balestra, C., Boarini, R., & Tosetto, E. (2018). What matters most to peo−ple? Evidence from the OECD better life index users' responses. *Social Indicators Research*, *136*, 907−930.

Diener, E., Wirtz, D., Tov, W., Kim−Prieto, C., Choi, D. W., Oishi, S., & Biswas−Diener, R. (2010). New well−being measures: Short scales to assess flourishing and positive and negative feelings. *Social indicators research*, *97*, 143−156.

Froh, J. J., Bono, G., Fan, J., Emmons, R. A., Henderson, K., Harris, C., ... & Wood, A. M. (2014). Nice thinking! An educational intervention that teaches children to think gratefully. *School Psychology Review*, *43*(2), 132−152.

Gable, S. L., & Haidt, J. (2005). What (and why) is positive psychology?. *Review of general psychology*, *9*(2), 103−110.

Gillham, J., Brunwasser, S. M., & Freres, D. R. (2008). *Preventing depres−sion in early adolescence*. Handbook of Depression in Children and

Adolescents, 309−322.

Green, S., Oades, L., & Robinson, P. (2011). Positive education: Creating flourishing students, staff and schools. *InPsych, 33*(2), 37−43.

Keyes, C. L. (2002). The mental health continuum: From languishing to flourishing in life. *Journal of Health and Social Behavior,* 207−222.

Medifonews(2022, October, 17). 코로나 장기화로 아동청소년 정신건강 '적신호' 켜져. https://www.medifonews.com/news/article.html?no＝171223

Norrish, J. M., Williams, P., O'Connor, M., & Robinson, J. (2013). An ap−plied framework for positive education. *International Journal of Wellbeing, 3*(2), 147−161.

Noble, T., & McGrath, H. (2015). PROSPER: A new framework for pos−itive education. *Psychology of Well−being, 5*(1), 1−17.

Organization for Economic Co−operation and Development [OECD] (2019). *Learning Compass 2030.* https://www.oecd.org/education/2030−project/.

Pedrotti, J. T., Edwards, L. M., & Lopez, S. J. (2008). Promoting hope: Suggestions for school counselors. *Professional School Counseling, 12*(2), 100−107.

Peterson, C., & Seligman, M. E. (2004). *Character strengths and virtues:* A handbook and classification (Vol. 1). Oxford University Press.

Sawyer, S. M., Drew, S., Yeo, M. S., & Britto, M. T. (2007). Adolescents with a chronic condition: challenges living, challenges treating. *The Lancet, 369*(9571), 1481−1489.

Seligman, M. E. (2002). 마틴 셀리그만의 긍정심리학[Authentic Happiness]. (김인자, 우문식 역). 안양: 물푸레.

Seligman, M. E. (2011). 플로리시[*Flourish*]. (우문식, 윤상운 역). 안양: 물푸레.

Seligman, M. E. P., & Adler, A. (2018). *Positive education*. Global happi-ness policy report, 52-73.

Seligman, M. E., & Csikszentmihalyi, M. (2000). Positive psychology: An introduction. *American Psychological Association, 55*(1), 5.

Seligman, M. E., Ernst, R. M., Gillham, J., Reivich, K., & Linkins, M. (2009). Positive education: Positive psychology and classroom interventions. *Oxford Review of Education, 35*(3), 293-311.

Sheldon, K. M., & King, L. (2001). Why positive psychology is necessary. *American Psychologist,* 56(3), 216.

Slemp, G. R., Chin, T. C., Kern, M. L., Siokou, C., Loton, D., Oades, L. G., ... & Waters, L. (2017). Positive education in Australia: Practice, measurement, and future directions. *Social and emotional learning in Australia and the Asia-Pacific: Perspectives, programs and approaches,* 101-122.

Snyder, C. R., Cheavens, J., & Sympson, S. C. (1997). Hope: An individual motive for social commerce. Group dynamics: *Theory, Research, and Practice, 1*(2), 107.

대상에 따른 플로리시 구성요소 차이

정주리

1 들어가기

플로리싱 교육을 위해서는 플로리싱 교육이 무엇인지에 대한 개념적 이해와 함께, 플로리싱 교육에 포함할 구성요소가 무엇인지에 대해서도 알 필요가 있다. 이를 위해서 플로리시 개념의 구성요소들을 검토하고 플로리싱 교육 내용 및 과정에 적용해보는 것도 하나의 방법일 수 있다. 현재 관련된 연구들이 늘어나고는 있지만, 아직 플로리시의 구성요소가 문화 보편적인지, 문화 특수적인지에 대해서조차도 명쾌한 결론을 내릴 수 있을 만큼 경험적 연구의 양이 축적되었다고 보기는 어렵다. 그리고 한 문화권 내에서도 나이 등과 같은 인구통계학적 변인에 따라 플로리시를 구성하는 요소가 차이가 날 수도 있다. 그뿐만 아니라 한 개인의 중요한 발달과업에 따라서 그 발달과업을 수행하는 동안 그 개인의 플로리시를 구성하는 요소가 달라질 수도 있을 것이다. 플로리시의 개념 정의가 다양하듯이 무엇이 플로리시를 구성하는지도 연구자에 따라, 문화에 따라, 그리고 연구 대상에 따라 차이가 있을 수 있다.

이 장에서는 국내 다양한 집단을 대상으로 플로리시 측정도구를 개발하였거나 외국에서 개발된 척도를 국내에서 타당화한 연구를 중심으로 특정 대상에 따른 플로리시 척도의 구성요소를 살펴보고자 한다. 이를 통해 집단에 따라 플로리시를 구성하고 있는 요소들이 무엇인지에 대해서 알아보고, 각 집단의 특성에 맞게 플로리시를 증진할 수 있는 방안을 마련할 때 플로리시 교육에서 고려해야 하는 점들을 파악하고자 한다.

2 연령에 따른 플로리시 구성요소

2.1 대학생과 일반성인의 플로리시

Seligman(2011)은 진정한 행복(authentic happiness)이란 개인의 일시적인 즐거운 기분이 아니라 개인이 가지고 있는 능력과 잠재력을 최대한 발휘하여 개인과 개인이 속해있는 공동체가 지속 가능한 행복을 누리는 것이라고 보았다. Seligman(2011)은 진정한 행복을 꽃이 만개한 모습에 비유하여 진정한 행복을 나타내는 개념으로 플로리시(flourish)를 제안하였다. 선행연구에서 공통으로 제시하는 대표적인 플로리시 구성요소는 긍정적 정서(positive emotion), 몰입(engagement), 긍정적 관계(relationship), 의미(meaning), 성취(accomplishment)이며, 구성요소들의 앞 글자만 따 이를 PERMA 모델이라고 부른다(Seligman, 2011).

먼저 긍정적 정서(P)는 우리가 행복을 떠올릴 때 가장 먼저 생각할 수 있는 구성요소로 개인이 느끼는 즐거움, 삶의 만족감 등을 나타낸다. 긍정적 정서는 쾌락적 관점(hedonic approach)에서 행복을 측정하는 주관적 안녕감(subjective well-being)의 대표적인 구성요소이기도 하다(Diener, 1984). 다음으로 몰입(E)은 Csikszentmihalyi(1990)가 개념화한 "몰입(flow)"을 반영하는 구성요소로서 시간, 공간뿐만 아니라 생각하고 있다는 인식마저도 잃을 정도로 어떤 행위에 깊이 빠져 있는 것을 말한다. 그리고 질 좋은 긍정적 대인관계(R)는 신체적 건강뿐만 아니라 정신적 건강과도 밀접한 관계가 있으며(Tay et al., 2012), 개인이 느끼는 행복감의 중요한 구성요소가 된다. 참고로 긍정적 관계는 자기실현적 관점(eudaimonic approach)에서 개인의 행복을 측정하는 심리적 안녕감(psychological well-being)의 구성요소로도 포함된다(Ryff & Keyes, 1995). 다음으로 의미(M)란 자신보다 더 큰 무엇과 연결되어 삶의 방향이나 목적으로 작용하며 삶이 가치 있다고 느끼게 하는 요소이다(Steger, 2012). 의미는 긍정적 관계와 마찬가지로 심리적 안녕감의 구성요소이기도 하다(Ryff & Keyes, 1995). 마지막으로 성취(A)는 일시적 상태인 업적에 집중하고 전념하였을 때 획득할 수 있는 결과물로, 성취하는 삶이나 업적에 전념하는 삶으로의 성취 역시 플로리시의 구성요소가 될 수가 있다고 보았다(Selignman, 2011).

플로리시를 측정하기 위해서 그동안 다양한 척도들이 개발되었다. 예를 들어 Diener 등(2010)은 플로리시는 사람의 심리적 기능 및 사회적 기능을 모두 포함하여 기능하는 것으로 긍정적 감정과 부정적 감정과 함께 결합하여 개인의 전반적인 안녕감을 나타낸다고 보았다.

Diener 등(2010)이 개발한 Flourishing Scale은 8문항으로 유능감, 긍정적 관계, 자기수용, 낙관성, 자아존중감, 사회적 기여를 포함한 인지적 안녕감을 포함하고 있다.

그리고 Huppert와 So(2013)가 개념화한 플로리시는 쾌락적 관점과 자아실현적 관점의 안녕감을 모두 포함하고자 하였다. 이러한 개념을 바탕으로 이들이 개발한 Flourishing Item은 19개 문항으로 긍정적 정서, 긍정적 관계, 몰입, 의미 외에도 유능감(competence), 정서적 안정성(emotional stability), 활력(vitality), 회복탄력성(resilience), 낙관성(optimism), 자아존중감(self-esteem) 역시 포함하고 있다. 이러한 구성요소들은 긍정적 특성(정서적 안정성, 활력, 회복탄력성, 낙관성, 자아존중감), 긍정적 기능(몰입, 유능감, 의미, 긍정적 관계), 긍정적 평가(긍정적 정서, 삶의 만족)로 요인이 묶이기도 한다.

Larmers 등(2011)이 개발한 Mental Health Continuum-short Form(MHC-SF) 척도도 존재한다. 이 척도는 Keyes(2002)가 개념화한 플로리시를 바탕으로 정서적 안녕감, 심리적 안녕감, 사회적 안녕감을 포함한 긍정적 정신건강 증상의 빈도를 측정한다. 이 척도의 두드러진 점은 개인의 정서적 안녕감과 심리적 안녕감뿐만 아니라 지역사회의 사회적 통합 역시 개인의 안녕감의 중요한 요소로 보고 사회적 안녕감까지도 포함한 것이다. 이 척도에서 정서적 안녕감은 행복, 흥미, 삶의 만족으로 측정하고, 심리적 안녕감은 자기수용, 통제감, 긍정적 관계, 개인 성장, 자율성, 삶의 목적으로 측정하고, 사회적 안녕감은 사회적 공헌, 사회적 통합, 사회적 실현, 사회적 수용, 사회적 응집으로 측정한다(Larmers et al., 2011).

그러나 현재 가장 널리 사용되는 플로리시 척도는 Butler와

Kern(2016)이 만 18세 이상 성인(만 18세 미만의 연구참여자도 일부 포함되었음)을 대상으로 개발한 PERMA–Profile 척도이다. Butler와 Kern (2016)은 PERMA 구성요소를 측정하는 15문항과 부정적 정서, 신체적 건강, 종합적 행복감, 외로움을 측정하는 8문항이 포함된 23문항을 개발하여 PERMA–Profile 척도라고 하였다.

국내에서는 심교린과 김완석(2019)이 Butler와 Kern(2016)이 개발한 PERMA–Profile 척도를 대학생과 일반성인을 대상으로 한국어로 번역하고 한국판으로 타당화하였다. 심교린과 김완성(2019)이 타당화한 한국판 플로리시 척도 구성요소의 예시 문항을 보면 다음과 같다. 예를 들어 긍정적 정서의 경우 "전반적으로 얼마나 자주 긍정적인 기분을 느낍니까?", 몰입의 경우 "얼마나 자주 자신이 하고 있는 일에 몰두합니까?", 긍정적 관계는 "당신이 필요할 때, 타인으로부터 도움이나 지지를 얼마나 받습니까?", 의미는 "전반적으로 얼마나 목적있고 의미있는 삶을 살아가고 있습니까?", 성취는 "얼마나 자주 스스로 설정한 중요한 목표들을 성취합니까?" 등으로 측정한다.

국내에서도 성인을 대상으로 한 플로리시 연구에서 한국판 플로리시 척도가 가장 널리 쓰이고 있다. 그러나 심교린과 김완석(2019)은 타당화 과정에서 탐색적 요인분석은 실시하지 않았고, 각 구성요소의 문항들이 해당 구성개념을 잘 측정하는지, 5요인 구조가 적합한지를 확인적 요인분석을 통해서만 확인하였다. 즉, 한국판으로 타당화하는 과정에서 탐색적 요인분석이 생략되어 있어 국내 성인들을 대상으로 했을 때 원척도와 요인 구성에서 차이가 있는지를 확인할 수는 없었다.

심교린과 김완석(2019)이 타당화한 한국판 플로리시 척도 외에도 김혜진, 홍혜영(2023)은 국내 성인들을 대상으로 Marsh 등(2020)이 개발한 WB-Pro(Well-Being Profile) 척도를 한국어로 번안·타당화하고 한국판 다차원 플로리시 척도라고 명명하였다. Marsh 등(2020)은 Hupport와 So(2013)가 제시한 10개의 구성요소에 추가로 명확한 사고(clear thinking), 자기수용(self-acceptance), 자율성(autonomy), 공감(empathy), 친사회적 행동(prosocial behavior) 5개의 구성요소를 더해서 WB-Pro 척도를 개발하였다. 김혜진과 홍혜영(2023)이 Marsh 등(2020)이 개발한 WB-Pro 척도를 한국 성인들을 대상으로 탐색적 요인분석과 확인적 요인분석을 실시하여 요인구조를 살펴본 결과, 한국판 다차원 플로리시 척도는 총 27문항으로 9개의 구성요소(낙관적 감정, 명확한 사고, 활력, 친사회 행동, 유능감, 자기수용, 회복탄력성, 긍정적 관계, 정서적 안정)를 포함하여 원척도와 약간의 차이를 보이고 있었다. 구체적으로 김혜진, 홍혜영(2023)은 원척도의 긍정적 감정과 낙관성을 한 요인으로 묶어 낙관적 감정(optimistic emotion)이라고 새롭게 명명하였고, 미래에 대한 낙관적인 전망을 바탕으로 긍정적인 감정을 경험하는 것이라고 보았다. 그리고 원척도의 자율성, 몰입, 공감, 의미, 자아존중감 구성요소는 한국판 다차원 플로리시 구성요소로 포함되지 않았다.

한국판 다차원 플로리시 척도의 구성요소와 예시 문항은 다음과 같다(김혜진, 홍혜영, 2023). 낙관적 감정은 "나는 나의 미래가 매우 밝아 보인다.", 자기수용은 "나는 나의 단점을 수치심이나 부끄러움 없이 받아들일 수 있다.", 유능감은 "나는 나에게 있어 중요한 활동들을 유능하고 능숙하게 할 수 있다.", 정서적 안정은 "나는 대체로 평정심을 유지하는 편이다.", 친사회 행동은 "나는 자주 다른 사람들에게 도움을 준다.", 명확한 사고는 "나는 명료하게 생각할 수 있다.", 긍정적 관계는 "나를 진심으로 아껴주는 사람들이 내 삶에 있다.", 회복탄력성은 "나는 힘든 일을 겪은 후 빠르게 회복하는 편이다.", 활력은 "나는 대체로 생기있고 활발하다." 등의 문항으로 측정한다.

2.2 청소년의 플로리시

성인을 대상으로 플로리시 구성요소를 살펴본 연구뿐만 아니라 청소년을 대상으로 플로리시 구성요소를 살펴본 연구들도 존재한다. Kern 등(2015)은 청소년을 대상으로 PERMA 모델의 유용성을 검토한 후, Seligman(2011)이 제안한 개념들이 많은 시간을 학교에서 보내는 청소년 삶의 맥락에 부합하지 않은 점이 있다고 지적하였다. 예를 들어, 청소년들이 지각하는 삶의 목적이나 의미가 성인과는 크게 다르다는 점에서 성인을 대상으로 개발된 PERMA 모델을 청소년 집단에 그대로 적용하기에는 적절하지 못하다는 것이다(Kern et al., 2015). 가령 PERMA-profile 척도 의미 요인의 문항을 봐도 "당신이 삶 속에서 하는 일이 얼마나 가치있고 값지다고 느낍니까?", "전반적으로 얼마나 삶 속에서 방향감각을 갖추고 있다고 느낍니까?"와 같이 청소년을 대상으로 측정하기에는 문항 내용이 너무 추상적이거나 적합하지 않은 부분이 있다(김도희 등, 2022).

이에 Kern 등(2016)은 청소년이 성장하여 성인이 되었을 때 플로리싱한 삶을 살아가는 데 도움이 될 수 있는 청소년기의 긍정적 태도, 특성, 행동이면서 청소년기의 발달과업과 밀접한 관련이 있는 요소들을 포함하는 새로운 모델이 필요하다고 하였다. 그래서 이들은 청소년기의 플로리시를 설명할 수 있는 모델로서 EPOCH 모델을 제안하였다. EPOCH 모델 역시 구성요소의 앞 글자를 따서 명명하였는데 구체적인 구성요소는 몰입(engagement), 끈기(perseverance), 낙관(optimism), 연결 (connectedness), 행복(happiness)이다. 먼저, 몰입은 PERMA 모델의 몰입 (E)과 비슷한 개념으로 개인이 하고 있는 것에 집중하고 몰두하는 것을 말한다. 다음으로 끈기는 장애물이 있어도 자신이 목표로 하는 것을 완수하고자 하는 것으로 그릿(grit)과 유사한 특성을 갖는다고 볼 수 있다 (Duckworth et al., 2007). 끈기를 청소년의 플로리시 구성요소로 포함한 것은 청소년 시기가 학업을 포함하여 미래를 준비하는 발달적 과업을 이행하는 시기로 자신의 목표를 달성하기 위해 지루한 과정을 견디며 인내심을 가지고 자신의 장기적 목표를 향해 나아가야 하기 때문이라고 여겨진다. 그리고 낙관은 희망과 미래에 대한 긍정적인 관점을 지니는 것을 의미하는 구성요소이다(Kern et al., 2016). 연결성은 PERMA 모델의 긍정적 관계(R)와 마찬가지로 다른 사람과 만족스러운 관계를 나타내는 구성요소이고, 마지막으로 행복은 PERMA 모델의 긍정적 기분 (P)에 상응하는 구성요소로 긍정적 감정과 자기 삶에 대한 만족감을 나타낸다.

EPOCH 모델은 단순히 PERMA 모델을 변형한 것이 아니라, 청소년의 특성을 반영하여 개인의 강점을 기반으로 청소년들의 발달을 설명하는 긍정적 특징을 선별하여 구성하였고, 이를 통해 청소년의 건강한 발달뿐만 아니라 향후 성인기의 플로리시 역시 촉진할 수 있다고 보았다(Kern et al., 2016). 특히, 청소년을 대상으로 한 EPOCH 모델에서는 성인을 대상으로 한 PERMA 모델처럼 성취(A) 자체보다는 끈기(P)와 낙관성(O)을 구성요소로 포함한 것은 청소년 시기가 현재의 성취 결과 자체보다는 미래의 성취를 준비하기 위한 역량과 태도를 기르는 것이 더 중요하다고 보았기 때문이다(Kern et al., 2016). 즉, 끈기와 낙관성은 청소년들의 발달적 특성을 반영한 EPOCH 모델의 특징적인 구성요소라고 여겨진다. Kern 등(2016)은 만 10~18세 청소년들을 대상으로 EPOCH 모델에 기반한 구성요소를 측정할 수 있는 척도를 개발·타당화하였고, 국내에서는 김도희 등(2022)이 한국 중고등학생을 대상으로 Kern 등(2016)이 EPOCH 모델을 바탕으로 개발한 척도를 한국어로 번안·타당화하였다. 김도희 등(2022)이 타당화한 한국판 청소년용 플로리시 척도의 구성요소와 문항의 예시는 다음과 같다. 몰입의 경우 "어떤 활동을 할 때, 시간 가는 줄 모르고 즐기는 편이다.", 끈기의 경우 "숙제를 시작하면, 다 마무리하기 전까진 멈추지 않는다.", 낙관의 경우 "나는 내 미래에 대해 긍정적이다.", 연결의 경우 "정말 소중하게 생각하는 친구가 있다.", 행복의 경우에는 "내겐 즐거운 일이 많이 일어난다." 문항 등이 있다.

한편, 김도희 등(2022)의 연구에서는 탐색적 요인분석 결과, Kern 등(2016)의 연구와는 다르게 국내 중학생 집단에서 2요인, 고등학생 집단에서는 1요인이 적합한 것으로 나타났다. 연구자들을 이러한 탐색적 요인분석 결과가 국내 청소년 응답자의 고유한 특성을 반영한 것이라고 여겨 탐색적 요인분석 결과를 반영한 확인적 요인분석을 통해 국내 중학생 집단은 하위 5요인과 상위 2요인(요인 1−낙관(O), 연결(C), 행복(H), 요인 2−몰입(E), 끈기(P))으로 구성된 2차 요인 구조가, 국내 고등학생 집단에서는 하위 5요인과 상위 1요인으로 구성된 2차 요인 구조가 더 적합하다고 판단하였다.

즉, 국내 중학생들의 플로리시는 EPOCH 모델의 구성요소 중 몰입과 끈기가 한 개의 상위요인으로 묶일 만큼 더 밀접하게 관련되고, 낙관, 연결, 행복이 더 밀접하게 관련된다고 여겨진다. 그리고 국내 고등학생 집단에서는 EPOCH 모델의 구성요소들이 뚜렷하게 구분되어 플로리시를 구성하기보다는 서로 밀접하게 연결되어 이들의 플로리시 정도가 결정된다고 해석된다. 이는 이 연구의 대상인 인문계 고등학교 학생들이 대부분 대학입시에 초점을 두어 학업에 많은 시간을 할애함으로써 이들의 일상이 학업 중심으로 돌아가기에 플로리시 구성요소 간의 구분이 뚜렷하지 않았다고 여겨진다(김도희 등, 2022).

국내 청소년들을 대상으로 행복플로리시 척도를 개발한 연구도 있다(이은혜, 2021). 이은혜(2021)는 Seligman(2020)의 안녕감 이론을 바탕으로 행복플로리시 개념을 정의하고, 청소년 행복플로리시 경험 질문지를 제작하여 만 13~18세 국내 청소년의 응답 내용과 기존의 행복 척도의 문항을 바탕으로 청소년 행복플로리시 개념과 구성요소를 재정의하였다. 이은혜(2021)는 탐색적 요인분석과 확인적 요인분석을 통해 긍정적 정서, 생산적 몰입, 긍정적 관계, 삶의 목적 4개의 요인이 청소년의 행복플로리시 구성요소로 적합하다고 제안하였다. 이은혜(2021)가 개발한 청소년용 행복플로리시 구성요소와 예시 문항은 다음과 같다. 긍정적 정서의 경우, "나는 자주 편안함을 느낀다.", 생산적 몰입의 경우 "나는 공부나 도전적인 활동을 할 때 오랜 시간 동안 집중한다.", 긍정적 관계의 경우 "나는 나의 걱정과 두려움을 나눌 수 있는 사람이 있다.", 삶의 목적의 경우, "나는 목적 있고 의미 있는 삶을 살아간다." 등의 문항으로 측정한다.

한국판 청소년용 플로리시 척도(김도희 등, 2022)의 구성요소와 청소년 행복플로리시 척도(이은혜, 2021)의 구성요소를 비교해보면 두 척도 모두 긍정적 정서(한국판 청소년용 플로리시 척도에서는 행복으로 명명됨), 긍정적 관계, 몰입 요소를 포함하고 있다는 것이다. 그러나 한국판 청소년용 플로리시 척도는 끈기와 낙관을 구성요소로 포함하고 있고, 청소년 행복플로리시 척도에서는 삶의 목적을 구성요소를 포함하고 있다는 차이가 있다.

2.3 초등학교 고학년의 플로리시

아동기에서 초기 청소년기로 전환해가는 초등학교 고학년들을 대상으로 플로리시 구성요소를 탐구한 연구도 존재한다. 초등학교 고학년용 플로리시 척도를 개발하고 타당화한 차유빈과 임효진(2021)은 성인을 대상으로 타당화한 한국판 플로리시 척도(심교린, 김완석, 2019)와 Seligman(2011)이 제안한 플로리시 PERMA 구성요소 정의를 참고하여 교육심리 석사과정 이상의 현직 초등학교 교사 6명과 교육심리 박사학위 소지자가 국내 상황과 초등학생 4~6학년 수준에 맞는 문항을 새롭게 개발하고 내용 타당도를 검증하였다. 차유빈과 임효진(2021)의 연구에서 탐색적 요인분석 결과, 의미와 성취가 하나의 요인으로 묶이는 것으로 나타나 이를 하나의 요인으로 간주하고 '목표-성취'로 명명하였다. 이들은 초등학교 수준의 의미(M) 문항은 목표를 인지하거나 목표를 가지고 있는 것으로, 성취(A)는 목표를 달성하기 위해 노력하는 것으로 내용을 구성하였는데 탐색적 요인분석 결과 이 두 요인이 잘 구분되지 않고 한 요인으로 묶였다. 최종적으로 이들이 보고한 초등학생 고학년의 플로리시 구성요소는 긍정적 감정(P), 몰입(E), 관계(R), 목표-성취(M-A)이다. 차유빈과 임효진(2021)이 개발하고 타당화한 초등학교 고학년용 플로리시 척도의 구성요소와 예시 문항은 다음과 같다. 긍정적 정서의 경우 "나는 내 생활 전반에 만족한다.", 몰입의 경우 "나는 어떤 일에 완전히 빠져들었을 때 기분이 좋다.", 관계는 "나는 친구들과 좋은 관계를 가지고 있다.", 목표-성취는 "나는 내가 꼭 이루고 싶은 목표가 있다." 등의 문항으로 측정한다.

2.4 유아의 플로리시

국내 유아의 플로리시를 측정하기 위해 척도를 개발한 연구도 있다. 황해익 등(2022)은 만 5세 유아의 플로리시를 측정하기 위해 Seligman(2011)의 플로리시 이론에 근거하여 구성요소를 도출하고 최종적으로 25문항으로 구성된 유아 행복플로리시 척도를 개발하였다. 이들은 국내 유치원과 어린이집에 다니는 만 5세 유아를 대상으로 담임교사가 평정하는 설문조사를 실시하여 탐색적 요인분석과 확인적 요인분석을 통해 요인구조를 확인하였다. 그 결과 유아 행복플로리시는 긍정 정서, 몰입, 관계, 의미, 성취, 강점(strength)의 구성요소를 가지고 있다고 보고 이를 PERMAS라고 명명하였다(황해익 등, 2022). 즉, PERMA의 구성요소에 강점(S) 구성요소를 더한 것이다.

다음은 유아 행복플로리시 각 구성요소의 예시 문항이다(황해익 등, 2022). 긍정 정서는 "유아는 화나고 슬플 때보다 기쁘고 즐거운 기분으로 보내는 날이 더 많다.", 몰입은 "유아는 관심 있는 일에 푹 빠져든다.", 관계는 "유아는 기꺼이 다른 사람을 돕는다.", 의미는 "유아는 자신에 대해 자부심과 자신감을 갖는다.", 성취의 경우 "유아는 어려운 문제에 좌절하지 않고 해결하려고 노력한다.", 강점은 "유아는 잘하는 것에 관심이 많고 참여하는 것을 즐긴다." 등의 문항으로 측정한다. 참고로 유아 행복플로리시의 문항 내용 중 성취 구성요소는 끈기와 인내력에 관한 내용으로 한국판 청소년용 플로리시 척도(김도희 등, 2022)의 끈기 구성요소의 문항 내용과 매우 유사한 특징을 보인다.

3 특정 직업/과업에 따른 플로리시 구성요소

앞서 설명한 것처럼 대상자의 나이에 맞는 플로리시 측정도구를 개발하거나 한국판으로 타당화하는 과정에서 플로리시 구성요소를 살펴본 연구들도 존재하지만, 특정 직업군에 종사하고 있는 사람들이나 특정 발달과업을 수행하고 있는 사람들을 대상으로 플로리시 구성요소를 알아본 연구들도 존재한다. 앞서와 마찬가지로 여기서도 문화적 차이를 고려하여 국내에서 플로리시 측정도구를 개발하였거나 한국판으로 타당화한 척도 연구를 중심으로 살펴보겠다.

3.1 유아교사의 플로리시

특정 직업군 중에서도 유아교사를 대상으로 플로리시 척도를 개발한 국내연구를 찾아볼 수 있다. 먼저, 김미진(2018)은 유아교육전문가, 긍정심리전문가, 척도개발전문가, 유아교육현장 전문가 5인씩 총 20인을 전문가 패널로 선정하여 델파이 기법을 활용하여 유아교사용 다차원적 플로리시 척도를 개발하였다. 그리고 김미진, 김병만(2019)의 연구에서 확인적 요인분석을 통해 유아교사용 다차원적 플로리시 척도의 구성요소를 확인하였다. 이 척도는 총 48문항으로 유아교사 플로리시의 구성요소를 정체성(개인적 정체성, 직업적 정체성), 관계성(개인적 관계성, 직업적 관계성), 몰입도(개인적 몰입도, 직업적 몰입도), 가치화(개인적 가치화, 직업적 가치화)로 구분하였다. 구체적으로 정체성은 개인적 나와 유아교사로서 나의 역할이나 특성에 대한 성찰적 인식을 통해 경험하는 플로리시를 의미하고, 관계성은 가족, 친구, 유아, 학부모, 동료 교사 등 타인과의 관계에서 경험하는 플로리시를 나타내고, 몰입도는 개인적, 직업적 삶에서의 몰입을 통해 경험하는 플로리시를 말하며, 가치화는 개인적 성장·성취, 사회적으로 가치 있고 의미 있는 삶을 통해 경험하는 플로리시를 의미한다(김미진, 김병만, 2019).

각 구성요소의 예시 문항은 다음과 같다(김미진, 김병만, 2019). 먼저, 개인적 정체성의 예시 문항은 "나는 내 삶에서 추구하는 목표가 있다.", 직업적 정체성은 "나는 유아교사로서 추구하는 목적과 비전을 가지고 있다.", 개인적 관계성은 "나는 가족과 마음을 열고 소통한다.", 직업적 관계성은 "나는 우리 반 아이들과 함께 생활하는 것이 즐겁다.", 개인적 몰입도는 "나는 근무시간과 여가시간 사이의 균형이 적절한 편이다.", 직업적 몰입도는 "나는 유아교사로서 일에 대한 열정을 가지고 있다.", 개인적 가치화는 "나는 내 강점을 활용하는 일들을 하면서 성취감을 느낀다.", 직업적 가치화는 "나는 유아교사로서의 직무를 수행하면서 성취감을 느낀다." 등의 문항으로 측정한다. 그러나 유아교사용 다차원적 플로리시 척도의 문항내용을 상세히 살펴보면 정체성이라고 명명한 구성요소는 다른 플로리시 척도의 긍정적 정서(P)나 의미(M) 구성요소에 속하는 내용이며, 가치화의 경우에는 긍정적 정서(P)나 성취 (A) 구성요소와 관련이 있는 내용으로 구성되어 있음을 확인할 수 있다.

또 다른 연구에서는 영아교사의 행복플로리시를 위해 필요한 역량을 탐색하였다(강현미, 2015). 강현미(2015)는 영아교사를 대상으로 '영아교사의 행복플로리시를 위해 필요한 역량은 무엇이며, 그 이유는 무엇입니까?'라는 개방형 설문을 제시하여 유아교육전문가 8인의 합의로 응답을 분석하여 영아교사의 행복플로리시 역량의 구성요소를 범주화하였다. 이 연구는 영아교사 행복플로리시 척도를 개발한 것은 아니기 때문에 탐색적 요인분석이나 확인적 요인분석 등의 절차는 이루어지지 않았다. 역량 분석 결과, 긍정적 정서, 긍정적 관계, 직업적 의미, 직업적 성취, 성격 강점, 건강, 자아존중감 7개의 구성요소로 나타났다. 이는 PERMA 구성요소(Seligman, 2011)에 더해 자아존중감, 성격 강점, 건강의 구성요소가 추가된 것이라고 여겨진다.

영아교사의 행복플로리시 구성요소와 연구참여자들의 응답 내용의 예시를 보면 다음과 같다(강현미, 2015). 먼저 긍정적 정서의 경우 교사의 즐거움이나 행복한 모습을 보여주는 것 등이 포함되고, 긍정적 관계는 영아의 입장에서 이해하는 자세나 긍정적인 의사소통 등이 포함되었으며, 직업적 의미의 경우 영아교사만의 전문성 등이 포함되었고, 직업적 성취는 발달 관련 전문적 지식이나 끊임없는 자기 계발 등에 관한 내용이 포함되었으며, 성격 강점은 영아에 대한 사랑이나 낙관성 등이 포함되었고, 건강에는 신체적 건강이나 체력 등이 포함되었으며, 자아존중감에는 높은 자존감이나 자신감 등이 포함되었다.

김미진, 김병만(2019) 연구와 강현미(2015) 연구 결과를 비교해보면 김미진, 김병만(2019)의 유아교사용 다차원적 플로리시 척도에서는 유아교사의 직업적 삶의 플로리시뿐만 아니라 개인적 삶의 플로리시까지 고려한 구성요소로 이루어져 있고, 강현미(2015)가 도출한 영아교사의 행복플로리시는 직업적 삶에서 경험하는 플로리시에 초점을 두었다는 차이를 발견할 수 있다. 또한, 김미진, 김병만(2019)의 유아교사용 다차원적 플로리시 척도의 정체성 구성요소는 강현미(2015) 연구의 긍정적 정서나 직업적 의미 구성요소와 관련되고, 유아교사용 다차원적 플로리시 척도의 관계성 구성요소는 강현미(2015) 연구의 긍정적 관계 구성요소와 유사하며, 김미진, 김병만(2019)의 몰입도 구성요소는 강현미(2015) 연구의 "성격 강점" 구성요소와 비견되고, 유아교사용 다차원적 플로리시 척도의 가치화으로 분류된 구성요소는 강현미(2015) 연구의 직업적 성취나 자아존중감 구성요소와 비슷한 내용으로 구성되었다고 여겨진다. 또한, 강현미(2015)의 연구에서 발견한 건강 구성요소는 김미진, 김병만(2019) 척도의 개인적 정체성 구성요소에서 비슷한 내용을 찾아볼 수 있다.

3.2 뷰티종사자의 플로리시

특정 직업종사자 중 뷰티종사자를 대상으로 한 행복플로리시 척도도 개발되었다. 이유림, 유진우(2020)는 선행연구에서 사용하고 있는 행복플로리시 측정도구에 대한 분석과 뷰티 현장 전문가 및 관련 박사를 포함한 전문가 집단 논의를 통해 뷰티종사자의 행복플로리시 구성요소를 도출하여 개방형 질문지를 마련한 뒤, 뷰티종사자로부터 자료를 수집하여 유사성에 따라 범주화하는 내용분석을 실시하여 척도 문항을 마련하였다. 이후 탐색적 요인분석과 확인적 요인분석을 통해 뷰티 종사자의 행복플로리시 척도를 타당화하였고, 긍정적 정서, 대인관계, 몰입 및 성취, 회복탄력성 4개의 구성요소를 도출하였다(이유림, 유진우, 2020).

뷰티종사자 행복플로리시 척도의 구성요소와 내용 예시는 다음과 같다(이유림, 유진우, 2020). 긍정적 정서 구성요소의 경우에는 직장생활에 대한 만족감, 모든 업무와 생활에 대한 책임감이 포함되고, 대인관계 구성요소는 동료에게 자신의 정보(기술) 제공 의지, 동료(상사, 고객) 혹은 가족에게 의사소통 및 피드백이 포함되며, 몰입 및 성취 구성요소는 업무 시 몰입상태, 업무 시 재미와 흥분상태, 자신의 기여도 정도가 포함되며, 회복탄력성 구성요소에는 자기조절(분노) 능력, 문제해결(블랙컨슈머, 성희롱 등) 가능성, 좌절에 대한 경험 후 회복 능력이 포함된다.

이 중 뷰티종사자의 플로리시의 두드러지는 구성요소는 바로 회복탄력성이다. 이는 뷰티종사자 직업의 특성상 힘든 고객을 상대해야 하거나 감정을 조절해야 하는 상황에 잘 대처할 수 있는지가 이들의 플로리시에 큰 영향을 미치기 때문이라고 여겨진다(이유림, 유진우, 2020).

3.3 유아기 자녀 어머니의 플로리시

그 외에도 특정 발달과업을 수행하고 있는 사람의 플로리시 구성요소를 알아본 연구도 있다. 김선형과 황해익(2018)은 유아기 자녀 어머니의 행복플로리시를 측정할 수 있는 척도를 개발하고 탐색적 요인분석과 확인적 요인분석을 통해 이 척도를 타당화하였다. 유아기 자녀 어머니의 행복플로리시 척도는 총 59문항으로 구성요소는 4개의 범주(개인의 행복한 삶, 자녀와 행복한 삶, 관계 속에서 행복한 삶, 환경맥락 속의 행복한 삶)와 13개 요인을 포함하고 있다(김선형, 황해익, 2018). 구체적으로 개인의 행복한 삶 범주에는 삶 만족, 성장 및 성취, 심신의 건강, 자기의미 구성요소를 포함하고, 자녀와 행복한 삶 범주에는 자녀이해, 양육역량, 양육역할 만족 구성요소를 포함하며, 관계 속의 행복한 삶 범주에는 부부관계, 원가족관계, 지원인력 관계 구성요소를 포함하고 있으며, 환경맥락 속의 행복한 삶 범주에는 가정경제환경, 사회환경, 문화환경 구성요소를 포함하였다(김선형, 황해익, 2018).

4 마무리

이처럼 플로리시는 개인의 나이, 직업, 발달과업과 같이 개인의 발달단계와 역할, 삶의 맥락에 따라 공통적으로 포함되는 요소도 있고, 각 대상에 따른 특징적인 요소도 있음을 확인할 수 있다. 이 책에서는 국내 연구대상자를 대상으로 플로리시 척도를 개발하였거나 한국판으로 타당화한 연구만 포함하였으나 플로리시 구성요소에서 국적 등 문화에 따른 차이도 존재할 수 있을 것이다. 따라서 플로리시 교육을 통해 개인의 플로리시를 증진하기 위해서는 먼저 그 대상의 특성에 맞는 플로리시의 구성요소를 확인할 필요가 있다고 여겨진다. 다시 말해 대상의 특성에 적합한 구성요소의 내용을 살펴보고 각 구성요소별로 구체적인 개입방안을 마련하여 교육 내용으로 포함한다면 플로리싱 교육을 통해 각 개인과 집단에 적합한, 개인과 공동체의 지속 가능한 행복한 삶인 플로리싱한 삶을 위한 토대를 마련할 수 있으리라 여겨진다.

📖 참고문헌

강현미 (2015). 영아교사의 행복플로리시 역량 탐색. **미래유아교육학회지,** **22**(3), 159 – 184.

김도희 · 김희정 · 정주리 (2022). 한국판 청소년용 플로리시 척도 타당화 연구: EPOCH 모델을 중심으로. **한국심리학회지: 학교, 19**(3), 187 – 213.

김미진 (2018). 델파이 기법을 활용한 유아교사용 다차원적 플로리시 척도 개발. **아동교육, 27**(3), 5 – 29.

김미진 · 김병만 (2019). 유아교사용 다차원적 플로리시 척도의 타당화. **교사교육연구, 58**(2), 237 – 252.

김선형 · 황해익 (2018). 유아기 자녀 어머니의 행복플로리시 척도 개발 및 타당화. **생태유아교육연구, 17**(1), 99 – 128.

김혜진 · 홍혜영 (2023). 한국판 다차원 플로리시 척도 타당화 연구. **학습자중심교과교육연구, 23**(1), 423 – 443.

심교린 · 김완석 (2019). 한국판 플로리시 척도(K – PERMA) 타당화 연구. **예술심리치료연구, 15**(5). 319 – 340.

이유림 · 유진우 (2020). 뷰티 종사자의 행복플로리시 척도 개발 및 타당화. **한국인체미용예술학회지, 21**(2), 277 – 294.

이은혜 (2021). **청소년용 행복플로리시 척도 개발 및 타당화** [박사학위논문]. 한동대학교.

차유빈 · 임효진 (2021). 초등학교 고학년용 플로리시 척도의 타당화 연구. **초등상담연구, 20**(4), 385 – 406.

황해익 · 신현정 · 탁정화 (2022). 유아행복플로리시척도 개발 연구. **생태유아**

교육연구, 21(1), 209-235.

Butler, J., & Kern, M. L. (2016). The PERMA-Profiler: A brief multi-dimensional measure of flourishing. *International Journal of Wellbeing*, 6(3), 1-48.

Csikszentmihalyi, M. (1990). *Flow: The psychology of optimal experience*. New York: Harper and Row.

Diener, E. (1984). Subjective well-being. *Psychological Bulletin, 193*, 542-575.

Diener, E., Wirtz, D., Tov, W., Kim-Prieto, C., Choi, D., Oishi, S., & Biswas-Diener, R. (2010). New well-being measures: Short scales to assess flourishing and positive and negative feelings. *Social Indicators Research, 92*(2), 143-156.

Duckworth, A. L., Peterson, C., Matthews, M. D., & Kelly, D. R. (2007). Grit: Perseverance and passion for long-term goals. *Journal of Personality and Social Psychology, 92*, 1087-1101.

Huppert, F. A., & So, T. T. C. (2013). Flourishing across Europe: Application of a new conceptual framework for defining well-being. *Social Indicators Research, 110*(3), 837-861.

Kern, M. L., Benson, L., Steinberg, E. A., & Steinberg, L. (2016). The EPOCH measure of adolescent well-being. *Psychological Assessment, 28*(5), 586-597.

Kern, M. L., Waters, L. E., Adler, A., & White, M. A. (2015). A multi-dimensional approach to measuring well-being in students: Application of the PERMA framework. *The Journal of Positive Psychology, 10*(3), 262-271.

Keyes, C. L. M. (2002). The mental health continuum: From languishing to flourishing in life. *Journal of Health and Social Behavior, 43*(2),

207 – 222.

Lamers, S. M. A., Westerhof, G. J., Bohlmeijer, E. T., ten Klooster, P. M., & Keyes, C. L. M. (2011). Evaluating the psychometric properties of the mental health Continuum – Short Form (MHC – SF). *Journal of Clinical Psychology, 67*(1), 99 – 110.

Marsh, H. W., Hupport, F. A., Donald, J. N., Horwood, M. S., & Sahdra, B. K. (2020). The well – being profile (WB – Pro): Creating a theoret – ically based multidimensional measure of well – being to advance theory, research, policy, and practice. *Psychological Assessment, 32*(3), 294 – 313.

Ryff, C. D., & Keyes, C. L. M. (1995). The structure of psychological well – being revisited. *Journal of Personality and Social Psychology, 69*(4), 719 – 727.

Seligman, M. E. (2011). *Flourish: A visionary new understanding of hap – piness and well – being.* New York: Simon and Schuster.

Steger, M. F. (2012). Experiencing meaning in life: Optimal functioning at the nexus of spirituality, psychopathology, and wellbeing. In P. T. P. Wong (Ed.), *The human quest for meaning* (2nd ed., pp. 165 – 184). New York, NY: Routledge.

Tay, L., Tan, K., Diener, E., & Gonzalez, E. (2012). Social relations, health behaviors, and health outcomes: A survey and synthesis. *Applied Psychology: Health and Well – being, 5*(1), 28 – 78.

디지털 학습에서의 플로리싱
: 이러닝에서의 학습개입 증진에 대한 체계적 문헌 고찰

류지헌

1 들어가기

플로리싱(flourishing)은 긍정심리학의 근간을 이루는 핵심적인 개념으로 개인 삶의 질을 최대로 확장한 심리적인 상태를 의미한다. 플로리싱에는 개인이 인생의 다양한 국면을 거치면서 겪게 되는 성취, 기쁨, 행복, 진정한 삶에 대한 가치 등이 담겨있다. 그렇지만 플로리싱은 사람이 경험하는 일시적인 기분이나 정서 상태를 의미하지 않고, 삶의 열정을 통해서 자신의 능력을 발휘할 수 있는 정신적 상태를 지칭한다(김나영, 신현숙, 2020; Seligman, 2011). 단순히 즐겁고 행복하다는 정서적인 감정 상태를 넘어서 자신의 목표를 향해서 도전하려는 충족의 상태라고 할 수 있다. 그래서 플로리싱은 더 바랄 것이 없는 최적의 상태를 의미한다. 플로리싱의 이러한 개념은 일상생활의 복잡성이 심해지고 있는 현대인에게 중요한 개념으로 인식되고 있다.

플로리싱의 상태에 도달하기 위해서는 개인의 잠재력을 최대한 발휘할 수 있도록 촉진하는 것이 중요하다. 이런 의미에서 플로리싱은 교육에서 적용할 가치가 높다. 즉, 교육을 통해서 개인이 플로리싱에 의한 행복이나 웰빙을 이를 수 있도록 마음껏 자신의 능력을 펼칠 수 있는 상태를 만들어 줄 수 있기 때문이다. 그러나 개인의 능력을 발휘하기 위해서는 플로리싱을 구성하는 개인의 긍정적 정서, 몰입 또는 개입, 관계, 의미, 성취가 서로 연결되어 발달해야 한다. 이러한 과정은 개인이 가진 능력을 최대로 발휘할 수 있도록 하여 행복을 지속해서 증진하는 상태에 이를 수 있기 때문에 중요하다(Seligman, 2012). 이런 의미에서 플로리싱 개념이 적용된 교육적인 관점은 개인과 공동체의 안녕을 목표로 미래 교육의 방향을 제시하며 지속해서 발전할 수 있는 교육 패러다임을 제시하고 있다.

최근 플로리싱에 대한 연구는 사회환경 변화를 고려하여 디지털 플로리싱(Digital Flourishing)이라는 개념으로 확대되고 있다. 디지털 플로리싱은 디지털 기반의 다양한 기술공학적인 활동에서 야기된 삶의 문제를 긍정적인 관점에서 해석하려는 것이다(Rosic et al., 2022). 디지털 플로리싱에서는 디지털 의사소통이나 사회관계망 등을 통해서 발전시킬 수 있는 긍정적인 심리상태를 강조하고 있다. 디지털 플로리싱을 측정하기 위한 구체적인 척도에 대한 연구로 확대되고 있다(Janicke - Bowles et al., 2021). 디지털 플로리싱에 대한 연구가 진행된다는 것을 보아도 ICT 기반의 기술공학이 우리들의 삶에 밀접히 연결되어 있다는 것을 반영하는 것이다.

이런 디지털 플로리싱의 개념을 디지털 기반의 학습환경에 적용하는 것도 가능하다. 디지털 플로리싱이 ICT와 같은 기술공학적인 측면을 강조하고 있는 것처럼, 디지털 학습환경의 변화와 학습의 관계를 반영하는 것이 중요하기 때문이다. 디지털 플로리싱에 대한 관심은 이러닝에 대한 활용이 확대되고 있는 상황에서 고려해보아야 하는 중요한 요소이다. 이런 접근을 통해서 디지털 학습에서의 학습자 플로리싱을 높일 수 있는 방법을 탐색하기 위한 것이다. 즉, 디지털 기반의 학습환경에서 학습자의 긍정적인 심리상태를 촉진하고 학습도전을 충분히 발휘할 수 있는 방법을 적용함으로써 플로리싱을 촉진시킬 수 있는 교수설계 방법을 적용할 수 있다.

이러닝이나 원격교육 같은 디지털 학습혁명에서는 학습자들의 적극적인 참여를 기대하기 어렵다는 문제점이 꾸준히 제기되어 왔다(Alsubhi, Sahari, & Wook, 2000). 학습자의 적극적인 학습 참여는 학습개입을 결정하는 중요한 요인이다. 학습자의 개입정도에 따라서 학습결과에도 영향을 미친다. 즉, 디지털 기반 학습환경에서 학습자의 적극적인 개입을 위한 참여촉진은 매우 중요한 학습활동 전략이 된다(Ergun & Adibatmaz, 2000). 그러므로 이 장에서는 온라인 학습에서 학습자의 플로리싱 증진에 적합한 학습개입에 대한 연구 동향을 확인할 것이다. 이를 바탕으로 학습개입을 촉진할 수 있는 학습설계 및 매체의 적용에 대한 함의를 정리하고자 한다. 플로리싱을 구성하는 요인들은 이러닝 학습의 소외 문제와 낮은 상호작용 문제를 해결할 수 있는 방향을 제공해 줄 것이다. 이 연구를 통하여 학습자의 적극적인 개입을 높이고 학습자의 긍정적 심리와 학습에 관한 가치를 향상시켜 줄 것이다.

이 장의 목적은 플로리싱 가치를 적용한 이러닝 교육에 관한 문헌

고찰을 기반으로 플로리싱 교육을 실현할 수 있는 교수설계 방향과 매체/기술 활용 방향을 제시하기 위한 것이다. 이 연구의 결과를 바탕으로 디지털 학습에서의 플로리싱에 대한 이론적 논의를 전개할 수 있을 것이다. 디지털 학습에서의 플로리싱 촉진을 위하여 이러닝 학습에서의 학습개입(learning engagement)에 초점을 두고 체계적 문헌고찰을 실시했다.

2 이론적 배경

2.1 플로리싱과 교육

플로리싱은 Seligman(2002)의 진정한 행복에서 시작된 개념이다. 진정한 행복이란 긍정적인 정서와 몰입 그리고 삶의 의미에 중점을 두고 삶의 행복을 측정한다. 그러나 이 진정한 행복은 자기 보고식 척도로 측정되기 때문에 측정 당시의 상태에 따라 진정한 행복의 수준에 차이가 발생할 수 있다. 이에 따라 Seligman(2011)은 일시적인 상태와 기분에 따른 행복이 아닌 개인의 잠재력을 발현하는 정신적 번영상태로서 플로리싱 개념을 제시하였다. 이와 같은 플로리싱의 개념은 웰빙 이론을 설명하기 위해 나온 것이며 플로리싱은 대표되는 다섯 가지 하위 요소가 균형을 이룰 필요가 있다(Seligman, 2018).

각 하위 요소는 긍정정서(positive emotion), 몰입(engagement), 관계(relationship), 의미(meaning), 성취(achievement)이다. 일반적으로 PERMA라고 부르고 있는데, 이는 다섯 요인의 앞 글자를 합친 것이다(심교린,

김완선, 2019). ① 긍정정서는 과거, 현재, 미래까지 기쁨, 만족감과 같은 긍정적 감정을 지속해서 느끼는 것이다. ② 몰입은 개인의 일이나 활동에 시간이 지난 줄 모를 만큼 집중하여 참여한 상태를 의미한다. ③ 관계는 사회적 지지와 같은 사회 속에서 긍정적인 인간관계를 형성하고 유지하는 것이다. ④ 의미는 개인이 자기 삶의 방향에 가치 있음을 느끼고 자기 삶의 목적에 의미를 추구하는 것이다. ⑤ 성취는 개인의 일에 전념하는 상태로 과제로 인한 효능감을 느끼고 자신이 정한 과제의 목표를 추구하는 상태이다. 이처럼 개인이 자신이 하는 일에 만족감을 느끼면서, 자신이 일에 몰입하고, 타인과 긍정적인 관계를 맺고, 자신의 삶에 가치 있음을 느끼고, 목표를 이루고 효능감을 느끼는 것이 균형 잡힌 플로리싱이라고 할 수 있다(김나영, 신현숙, 2020; Seligman, 2011, 2018).

교육에서 플로리싱은 학습자의 학습에 대한 감정과 가치 등을 다루기 때문에 학습자 중심적 교육에서 활용가능성이 높은 것으로 평가될 수 있다. 김미정과 김정민(2021)은 플로리싱 교육의 필요성을 고려하여 입시 등으로 인해 학습자의 정신적 부담이 큰 고등학생을 대상으로 플로리싱 척도를 개발하였다. 그러나 다양한 교육적 상황을 고려한 플로리싱에 대한 연구가 부족하다. 특히, 학습을 통해서 학습자의 플로리싱 상태에 이르기 위한 방법에 대한 연구가 필요하다.

2.2 디지털 플로리싱과 이러닝

디지털 플로리싱(digital flourishing)은 기술공학의 과도한 사용에 따라서 유발되는 부정적인 영향력을 낮추기 위한 개념에서 출발했다(Roffarello et al., 2023). 기술공학을 지나치게 사용하면서 충동적인 행동이 증가하고 자율성이 서서히 망가지기 시작했다. 이러한 병폐를 극복하기 위한 방법으로 디지털 플로리싱 혹은 디지털 웰빙에 대한 개념을 탐색하게 되었다. 정보화 사회가 고도화되면서 기술공학에 대한 의존도가 심각하게 높아졌기 때문이다(Lyngs et al., 2019). 특히, 스마트폰에 의한 집중적인 사용경험 등은 심각한 문제를 유발할 수도 있는 것으로 지적되어 왔다. 이러한 배경에서 디지털이라는 기술공학적인 사용 문제점을 극복하기 위하여 디지털 플로리싱에 대한 개념이 제안되었다.

더 나아가 이러한 플로리싱 개념을 기술공학 중심의 학습환경으로 확장해서 적용할 수 있다. 즉, 기술공학 기반으로 이루어지는 이러닝에서도 디지털 기반의 문제점들이 발생하고 있고, 이를 극복하기 위한 방안을 제시할 수 있다는 점이다. 디지털 학습환경의 교수학습적 관점에서 플로리싱을 구성하는 긍정적 정서, 개입, 관계, 가치, 그리고 성취감을 고려하는 것이다. 즉, 교수자와 학습자가 교수-학습에 대한 긍정적 정서를 키우고, 교수와 학습에 적극적 개입을 촉발하고, 교수자와 학습자 간의 긍정적 관계를 형성하고, 자기 일에 대한 의미를 찾고 추구하게 하며, 디지털학습환경에서 자기 일에 대한 성취감을 증진하는 방법을 탐색하는 것이다.

이러닝은 전통적 학습에서 온라인 기반 학습으로 학습 환경을 변화시켰고, 원격교육으로 확장되고 있다. 이러닝에서 학습자 상호작용은 학습 성공을 위해 매우 중요한 역할을 한다. 그러나 이러닝에서 다양한 상호작용적 요소가 포함되어 있음에도 불구하고 이러닝 기반 학습은 학습자의 참여적 개입이 일반적인 교실수업에 비해 낮기 때문에 그 효과성과 학습 경험의 즐거움이 기대했던 것만큼 크지 못하다(Haron et al, 2017; Lee et al, 2017). 온라인으로 연결되어 있다고 하더라도 활발한 학습개입이 어렵기 때문에 외로운 학습을 경험하게 된다. 이처럼 이러닝 환경은 학생들을 고립시킬 수 있고 교수자와의 관계나 학습자 간의 관계 등 공동체 감정을 발전시키기 어렵기 때문에 학습개입을 촉진시키기 위한 방법을 연구하는 것이 필요하다(Ergun, & Adibatmaz 2020). 그래서 학습자의 학습개입을 높이기 위한 방법과 이러닝 학습 경험의 즐거움을 높이기 위한 방안에 대한 논의가 꾸준히 제기되어 왔다.

이러닝 학습자는 대면학습과 달리 교수자나 동료학습자와의 관계 구성이 쉽지 않다. 대면 수업에서 쉽게 경험할 수 있는 교수자와 학습자 간의 긍정적인 관계 및 학습자 간의 긍정적 관계 형성이 쉽지 않기 때문이다. 학습자의 학습과정에서 발생하는 긍정적인 사회관계는 학습동기에 영향을 미치는 요인 중 하나로 학습에 중요한 요인으로 작용하며 사회적 지지의 결여는 장기적으로 학습에 부정적 영향을 미칠 수 있다. 또한 대면학습에서 이루어지던 학습자료와 학습 방법을 온라인 학습 상황에 그대로 적용함에 따라 학습자의 학습 몰입적 상태에 대한 경험과 참여 수준은 낮아지고 있다. 이와 같은 학습 상황은 플로리싱 가치를 적용한 교육 패러다임을 통해 개선할 수 있을 것이다. Krisjansson(2017)의 연구는 플로리싱을 적용한 교육에서 학생들의 번영과 교사의 구체적 역할에 관한 논의를 진행하였다. 교사는 플로리싱의 촉진자로서 매우 까다로운 역할이 요구되며 일반적으로 도덕적 및 지적 덕목에 중점을 두어야 한다.

2.3 학습개입

학습개입(learning engagement)은 학습자가 학습활동에 몰두하여 집중적으로 참여하고 있는 상태를 의미한다. 개입(engagement)은 시간가는 줄 모르고 어떤 일에 완전히 빠져 있는 정신적인 상태를 의미한다(심교린, 김완석, 2019). 학습개입은 학습활동에 집중하여 시간가는 줄 모르고 집중한 상태를 의미한다. 또한 학습개입은 어떤 활동에 헌신하거나 몰두하는 현상을 의미하기도 한다(Butler & Kern, 2016). 그리고 학습개입은 학습활동의 일관성을 유지하고 지속적으로 기억하게 하여 내부적 학습 과정을 촉진시킨다(Haron et al, 2017). 이런 요인들 때문에 학습개입을 위한 활동은 이러닝을 효과적으로 운영하기 위한 중요한 설계 요인으로 간주되고 있다.

이러닝 학습환경에서 학습개입을 높이기 위해서는 학습개입에 영향을 줄 수 있는 요인을 확인해야 한다. 이를 위해서는 학습활동과 관련된 다양한 요인을 고려한 설계전략을 적용해야 한다. 대표적으로 긍정적인 학습환경 유지, 학습 커뮤니티 구축, 시기적절한 피드백 제공, 콘텐츠 특징에 맞는 적절한 기술 적용 등을 고려할 수 있다(Chakraborty & Nafukno, 2014). 이러한 학습활동을 적절히 활용해서 학습개입이 이루어지게 된다면, 학생들은 자신의 생각을 표현하고, 적극적으로 상호작용활동에 참여하게 될 것이다. 이러닝 학습에서 이와 같은 학습개입을 경험하게 됨으로써 활동을 통해서 학습경험의 질도 향상될 수 있다.

이러닝 학습에서 학습개입은 행동적, 감정적, 인지적 개입으로 구분될 수 있다. 행동적 학습개입은 참여, 지속성, 협력, 독립적 학습 등이다. 감정적 개입은 즐거운, 흥미, 지루함, 호기심 등이 포함된다. 인지적 개입은 심층 이해, 경쟁, 비판적 사고 기술, 문제해결 등이 포함되어 있다(Ibanez, Di-Serio, & Delgado-Kloo, 2014). 즉, 학습개입은 학습자가 학습활동에서 심리적으로 몰두해 있거나, 행동적으로 과제에 참여를 하거나, 정신적으로 학습과정에 참여한 상태라고 볼 수 있다.

이러닝에서 학습개입은 학습자와 학습내용의 상호작용을 높이는 요인이다. 그렇기 때문에 학습개입의 정도를 통해 학업성취/이탈율 등을 예측하기도 한다(Djamasbi et al., 2014). 이와 같은 이탈율에 영향을 미치는 것은 학습자의 인지된 효능감이나 인지된 유용성, 인지된 만족감 등이 있으며, 이는 학생의 행동에 영향을 미치게 된다. 학습개입 정도를 측정하기 위해 얼굴표정이나 입 모양 정도를 측정하거나(Zhang et al, 2019), 학생이 학습자료를 다운로드 받은 횟수(MCKenna & Kopittke, 2018), 학습에 소비한 시간(Nguyen, Huptych & Rienties, 2018) 등을 사용할 수 있다. 이처럼 이러닝에서 학습개입은 학습결과를 예측할 수 있는 요인으로 고려되고 있다.

학습자의 개입을 높이기 위한 방법으로 게임기반 수업설계 방법도 적극적으로 활용되고 있다. 게임적인 요인을 활용해서 수업활동을 설계함으로써 학습자의 참여를 높이는 방법이다. 이러닝의 학습 전반에 걸쳐 다양한 게임화 전략을 적용할 수도 있다. 효과적인 게임적 요인으로는 배지, 트로피, 개인적 선택, 리더보드, 진행 정도, 도전과제, 피드백, 사회적 개입 망, 실패의 자유 등이 있다(Alsubhi, Sahari, & Wook, 2020). 게임이라는 요소를 통해서 참여와 동기수준을 높일 수 있으며, 적극적인 학습개입이 일어날 수 있도록 만들기 위한 것이다. 고립된 형태의 디지털학습에서 학습자의 심리적 참여를 높여서 긍정적 결과를 만들기 위한 것이다.

3.1 문헌선정 과정

여기에서는 온라인 학습 수강자로서 대학생, 대학원생, 평생교육 수강생 등을 대상으로 수행된 문헌을 연구대상으로 했다. 분석대상을 실험연구와 조사연구로 제한했고, 단순 실험이 아닌 8주 이상의 처치를 적용한 연구를 분석했다. 문헌은 영어로 작성된 국외 연구를 대상으로 하였다. 문헌 수집 기간은 2017년부터 2021년까지 최근 5년을 기준으로 한다. 저널만을 대상으로 했으며 학위논문이나 학술대회 게재집은 제외하였다.

3.2 문헌검색 및 선정

이 연구는 PRISMA(Preferred Reporting items for Systematic Review and Meta-analyses)지침을 따라 분석하였다. 문헌 검색은 Science Direct와 Web of Science Databased를 사용하였다. 문헌검색에서 사용한 키워드는 〈표 1〉과 같이 'engagement'와 'e-learning'이다. Engagement는 'engagement', 'student engagement', 'learning engagement' 등의 동의어로 검색하였다. 'e-learning'의 동의어는 'e-learning', 'online learning', 'distance learning', 'distance education' 등으로 설정하여 검색하였다. 논문 출간 연도는 2017-2021으로 한정하였다. 검색 결과는 [그림 1]과 같은 방식에 따라 정리하였다.

검색 결과 Science Direct 408개, Web of Science 2,311개로 검색

되었다. 중복 논문 714개를 제거하고 2,005개의 논문을 확보하였다. 초록에서 키워드가 없는 논문 1,839개를 제거하고, 166개 논문 중에 제목에서 키워드가 제시되지 않은 논문 145개를 제거하였다. 그 결과 21개의 논문이 선정되었다. 21개의 논문에서 혼합 수업(blended learning) 논문 4개, 학습 engagement가 아닌 논문 1개, 논문 원본이 없는 경우 4개를 제거하였다. 문헌의 질 평가는 실험 결과가 명확히 제시되지 않은 연구, 구체적으로 engagement에 대한 설명이 없는 경우를 제외하였다.

표 1 검색 키워드와 동의어

engagement 키워드 및 동의어	e-learning키워드 및 동의어
engagement, student engagement, learning engagement	e-learning, online learning, distance learning distance education

그림 1 문헌 선정 과정

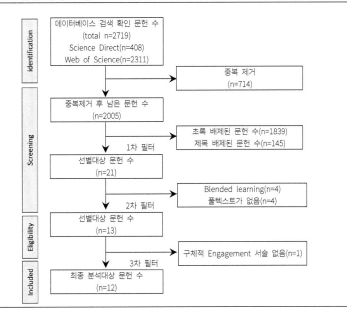

3.3 자료 분석

2021년 5월 1명의 연구자가 수집된 문헌의 저자, 출판 연도, 논문 제목, 학술지, 연구대상자, 실험 중재 내용, 통제집단, 처치집단, 수업 처치 기간, 수업 과목, 종속변수, 연구결과를 분석하였다.

4 결과

최종적으로 12개의 논문을 확보하였다. 12개의 논문의 특징은 〈표 2〉와 같이 정리하였다. 2017년 연구가 2개, 2018년 연구 2개, 2019년 연구 4개, 2020년 연구 3개, 2021년 연구 1개가 있었다. 연구목적으로 는 이러닝 설계 원리 제안 연구 4개, 학습 개입 정도 예측 요인 제안 연구 5개, 학습개입을 위한 이러닝 게임화 연구 3개가 있었다. 연구 분석 방법은 문헌분석연구, 측정도구개발 및 예측 시스템 개발, 웹사이트 분석, 원리 및 개념 모델 제안 등이 포함되었다. 연구 동향, 연구자, 연도, 연구 목적, 학습개입 유형, 연구 유형, 연구대상, 관련변수 등을 정리하였다.

표 2 분석대상 논문

번호	연구자	연도	연구목적	학습 개입	연구유형	연구대상
1	Hussain	2018	머신 러닝을 통해 이러닝에서 낮은개입의 학습자 찾기	행동적 개입	예측 모형 개발	이론연구
2	Lee	2019	이러닝 학습 환경에서 학생 개입을 측정하기 위한 도구 개발	행동적, 정서적, 인지적 개입	측정 도구 개발	대학생 737명

번호	연구자	연도	연구목적	학습 개입	연구유형	연구대상
3	Shah	2018	학생 개입을 지원하기 위한 이러닝 자료 설계 방법 제안	개입	웹사이트 분석	대학생 170명
4	Sinclair	2017	이러닝 개발을 위한 10가지 설계 원리 제안	개입	원리 제안	이론연구
5	Ergun	2020	학생개입을 예측하는 요소 확인	행동적, 인지적, 정의적 개입	실험연구	대학생 527명
6	Firat	2019	이러닝 개입 시간이 학업성취 결과를 예측할 수 있는 요인인지 인과관계 확인	행동적 개입	실험연구	대학생 323,264명
7	Haron	2017	이러닝 커뮤니티에서 개입에 영향을 주는 참여적 개입 요인 확인	행동적, 인지적, 정의적 개입	개념모델 제안	이론연구
8	Kew	2021	이러닝에서 학습자의 인지적 개입 (토론 포스트 글)을 분석 1) 인지적 개입, 2) 성별, 3) 포스트 개수 간의 관계	인지적개입	웹사이트 분석	포럼 267개
9	Yue	2019	(정의적, 행동적, 인지적) 학습 개입을 확인하기 위한 통합된 프레임워크 제안	행동적, 인지적, 정의적 개입	시스템 개발	대학생 46명
10	Alsubhi	2020	이러닝 수업 참여를 높이기 위해 게임요소 확인	행동적, 정의적 개입	문헌분석	문헌 13개
11	Poondej	2019	무들 플랫폼에서 이러닝 과정에서 게임요소를 보여주기	행동적, 정의적 개입	웹사이트 분석	대학생 104명
12	Rebelo	2020	게임화 도구 적용과 개입 수준 간의 관계 검토	행동적, 정의적 개입	웹사이트 분석, 설문조사	게임 전문가 237명

　　12개의 문헌을 분석한 결과 다음 3가지 주제로 범주화 할 수 있었다. 구체적으로 살펴보면 이러닝 설계 원리(논문번호1~4), 학습개입을

위한 예측요인의 제안(논문번호 5~9), 학습 개입 촉진을 위한 이러닝 게임화(논문번호 10~12)로 구분할 수 있다. 다음은 각 주제 범주별로 다루고 있는 내용을 살펴보았다.

4.1 이러닝 설계 원리 제안

이것은 이러닝 학습자의 학습개입을 높이기 위한 방안으로서 이러닝 설계 원리를 제시하는 것이다. 이러닝 설계원리로서 대시보드 설계, 시각적 요인 등 여러 가지 학습 설계 원리를 제시한다. 각 연구의 결과를 살펴보면 다음과 같다. Haron, Natrah Aziz, & Harun(2017)은 이러닝 학습과정에서 학습자의 학습 참여를 높이기 위한 개념 모형을 제안했다. 이 개념 모형에서는 학습자-학습자, 교수자-학습자, 학습자-학습 내용의 상호작용과, 학습자의 성찰 등이 포함되어 있다. 학습자-학습자 상호작용에서는 교수자는 참여하지 않고 학습자 간의 동적 학습을 촉진하는 것이다. 2명 이상의 학습자 간의 자율성을 제공하여 학습자가 다른 학생을 탐색하고 자신을 노출하게 하면 학습 정보 공유의 공간이 더 넓어지고 빈번한 관계를 맺을 수 있다. 학습자-교수자 간의 상호작용은 지식전달 등의 역할이 아니라 문제 해결 가이드라인을 제공하는 것이다. 교수자는 학습 자료에 대학 자극을 자극하고 학습자의 흥미와 동기를 유지시키고, 적절한 양의 활동을 제공하여 학습자가 학습과정을 따라 갈 수 있도록 학습 지원자로의 역할을 한다. 학습자-학습내용 상호작용은 학습자가 학습내용과의 상호작용을 더 오래 할수록 높은 학습 결과를 도출할 수 있다. 온라인 학습 자료를 비디오와 같은 다양한 멀티미디어를 기반으로 제공하면 학습자-학습내용 상호작용 빈도를 증진시킬 수 있다. 학습자 성찰은 학습자의 과거 경험과 학습 활동을 능동적으로 연결시키면서 내부 대화를 통한 자신의 이해를 통해 가능하며, 이는 인지적인 개입 상태를 발전시킬 수 있다.

Sinclair et al(2017)은 이러닝 학습의 설계원리 10가지를 제안하였다. 먼저 학습자 능력 및 기존 지식을 고려하여 학습 내용을 구성해야 한다. 이를 위해서 학습 내용은 즉각적인 피드백을 줄 수 있도록 해야 하며 학습자의 수준을 알 수 있는 사전 퀴즈를 제공하는 것이 바람직하다. 마지막으로 학습자 스스로 학습 내용을 선택할 수 있는 자율적인 구조를 구성해야 한다. 두 번째 설계원리는 교수자는 학습자가 접근이 가능한 웹 프로그램을 사용해야 한다. 일부 웹 프로그램은 사용제한이 되어 있어 관리자 액세스가 필요한 경우가 많다. 세 번째 이러닝 학습 설계원리는 학습 과정에서 지침, 힌트, 방향 안내 등의 스캐폴딩을 제공해야 한다. 네 번째 이러닝 설계원리는 학습 결과와 목표를 확인할 수 있도록 학습 내용을 제공하여 학습자가 학습 과정에서 기대치를 알고 학습에 자신감을 갖게 해야 한다. 다섯 번째는 학습 내용이 의미 있고 매력적으로 제작되어야 한다. 이를 위해서 제공되는 이러닝 화면이 그래픽적으로 매력적이면서 전달 내용을 간단하게 제공해야 하며 상호작용을 높일 수 있는 구조를 두어야 한다. 예를 들면 각 화면에 제목과 번호를 넣고, 추가 학습 자료로 링크를 넣거나, 시각적 자료와 같은 멀티미디어 자료를 추가하고, 상호작용을 높이는 댓글 기능을 넣고 스크립트노트를 제공하는 것 등이 있다. 여섯 번째는 자극 자료를 제시해 주는 것이다. 자극 자료 제시는 이러닝 설계에서 핵심적인 요소이다. 새로운 자극적 자료는 학습 성취와 직접적으로 연계된 것이어야 하며 학습 목표와 관련이 없으면 학습 방해를 일으킬 수 있다. 이를 위해서 이미지, 표, 비디오, 색상, 그래픽, 활자체 등을 고루 사용하여 강조 사항 필수 사항 등을 시각적으로 보여주어야 한다. 일곱 번째 학습자의 주의를 끌고 유지할 수 있도록 구성해야 한다. 이를 위해서 의미 있는 시나리오를 제공하거나 최적의 길이의 비디오를 제공하거나 실제 상황으로의 적용 등을 통해 학습 내용에 가치를 둘 수 있도록 해야 한다. 여덟 번째 설계원리는 객관적인 평가와 피드백을 제공하는 것이다. 평가와 피드백을 위해서 선다형, 드래그 앤 드롭, 선택하기 등 다양한 형식의 평가 방식을 사용할 수 있으며 정답과 오답에 대한 광범위 범위에서 피드백을 제공해 주어야 한다. 피드백은 학습 내용에 대한 자신감을 높여주어 학습을 강화시켜 준다. 아홉 번째 원리는 학습 내용을 전이하기 위한 요소를 넣는 것이다. 예를 들면 간격을 두고 이러닝 학습을 다시 하거나 온라인 테스트나 퀴즈와 같은 방법으로 학습 내용을 회상할 수 있는 기회를 제공해야 한다. 마지막 이러닝 설계 원리는 이러닝 학습 내용은 전문가들의 검토가 필수적이다. 이와 같은 동료 평가 및 동료 검토 과정은 학습 내용의 질을 객관적으로 평가하여 이러닝 프로그램의 질을 더 높일 수 있다.

4.2 학습개입 정도 예측 요인

이것은 이러닝 학습개입 정도와 성취율 간의 인과 관계를 확인하여 학습의 성취를 예측하는 방법으로서 학습개입 측정 방법을 제안하는 것이다. 학습개입 정도를 확인하는 방법은 여러 가지가 있다. 예를 들면 머신 러닝 알고리즘, 시선추적, 설문도구, 다중회귀 분석 등을 활용한다. 이러닝 학습에서 머신러닝, 기계학습, 랜덤 포레스트, 다중회귀 분석 등을 활용하여 학습자 개입정도 판별, 학습자 참여 예측, 학생의 학습성과 예측 등의 모형을 개발한다.

Firat 등(2019)의 연구는 회귀 분석을 통해 학생의 학습 개입 시간과 학업성취의 관계를 파악한 결과, 학습 개입 시간은 학습 평균 점수가 60점인 정도 학습 성취도를 설명해 줄 수 있었다. 학습개입 시간 수준은 학습자의 학업 성취 결과를 예측하는 데 사용되었다. 디지털 학습 환경에서는 학습자에 의해서 생성되는 다양한 자료를 활용해서 학습개입의 수준을 확인할 수 있을 뿐만 아니라 예측도 가능하다는 것을 알 수 있다.

Ergun 등(2020)은 이러닝 학습 스타일과 읽기 수준이 학습자 개입에 영향을 미치는 연구를 진행했다. 자기주도 학습과 컴퓨터 효능감이 전체 행동적 개입 변수를 16% 정도 예측한다. 특히 자기주도적 학습 스타일이 행동적 개입에 미치는 영향은 컴퓨터 효능감보다 더 컸다. 자기주도적 학습 요인은 시간관리, 학습 계획, 도움 요청하기, 학습 목표 설정하기 등과 관련이 있다. 행동적 개입은 관찰 가능한 행동을 포함하는데 예를 들면 질문하기, 활동 참여, 과제 수행, 수업참여, 대화하기 등이 있다.

정의적 개입은 온라인 학습 과정에 대한 긍정적인 감정이다. 정의적 개입을 예측하는 변수로는 학습자 통제, 자기주도적 학습, 학습 동기, 온라인 의사소통 효능감이 있다. 이 변수들은 정의적 개입을 약 11% 정도 설명할 수 있다. 이 변수 중 학습자 통제 변수는 학습자 흥미나 긍정적 감정에 가장 큰 영향을 주는 변수로 나타났다. 학습자 통제란 학습자 스스로 목표를 설정하고 학습방향을 결정하는 등 학습에 책임감이 있는 모습을 의미한다. 새로운 학습 내용에 주의집중하고, 학습하려고 하는 동기는 정의적 개입을 예측할 수 있다. 온라인 의사소통 효능감이란 다른 학습자와 채팅하거나 의사소통에 자신감은 학습 과정에서 긍정적인 감정을 발달시킬 수 있다.

인지적 개입의 예측 요인은 자기 주도적 학습, 학습자 통제, 시청각 학습 스타일, 논리적 학습 스타일, 직관적 학습 스타일이었다. 이 변수들은 인지적 개입의 31%를 설명할 수 있다. 학습 스타일은 행동적 개입이나 정의적 개입을 거의 예측할 수 없었으나, 인지적 개입은 예측할 수 있다. 시청각 학습 스타일, 논리적 학습 스타일, 직관적 학습 스타일이 인지적 개입을 가장 많이 설명했다. 그러므로 학습 스타일을 고려하여 온라인 학습활동을 설계해야 인지적 개입을 키울 수 있다.

Hussain(2018)은 온라인 학습에서 홈페이지, 토론, 학습내용 등의 클릭횟수로 학습자 개입을 예측하는 예측 분류기를 개발했다. 이 예측기에 따르면 토론 페이지 클릭 수와 학습내용활동 페이지 클릭수가 높으면 학습자의 개입이 높다는 의미이다. 이 연구에서도 디지털 학습에서 학습자 개입 수준의 측정방법을 확인할 수 있었다.

4.3 학생참여를 위한 이러닝

이러닝에서 학생 참여를 높이기 위한 방법으로 게임화 전략을 적용하려는 연구들이다. 게임화는 게임적 요소를 학습 과정에 적용하여 학습자의 참여와 학습동기를 높이기 위한 것이다. 즉, 학습자의 개입을 향상시키기 위한 방법으로 게임적 요소를 적용하여 이러닝을 설계하는 방법이다. 게임전략으로 배지, 포인트 레벨이 가장 많이 사용되었으며 그 외에 대시보드, 아바타, 팀, 내용 접근 제한, 보상, 진행 막대기, 피드백, 그만하기 기능, 타이머 등의 기능 등이 있었다. 가장 효과가 좋은 게임적 요인으로는 포인트, 배지, 순위, 내용 접근제한, 단계, 진행 막대기 등이었다. 그만하기 기능 등은 크게 학습 개입에 큰 영향을 주지 못했다.

　포인트는 퀴즈, 시험, 과제, 토론과 같은 학습 활동과 관련된 학생의 학업성취를 보여준다. 리더 보드는 포인트와 배지의 수에 기초해서 학생의 학습결과를 보여주는 점수판으로 학생의 흥미를 끌고 학습개입을 높이는 용도로 사용될 수 있다. 대시보드는 완수 및 미완수 학습 활동에 대한 전반적인 요약을 제공하여 학습에 대한 피드백을 한 번에 제공한다. 그러므로 대시보드는 학생의 활동 분석을 통해 기대되는 수행 결과를 알 수 있게 한다. 진행 막대는 학생이 활동에 참여한 진행률을 막대로 보여준다. 수준은 과정 학습 자료, 과제, 평가 등의 활동으로 구성된다. 내용 접근 제한은 필수요건을 수행 후에 다음 과정으로 진입할 수 있도록 내용 접근을 조절하는 전략이다. 배지는 학생이 퀴즈, 과제, 시험과 같은 활동을 완수하면 주는 보상으로 학생의 성취 능력을 나타내는 전형적인 게임요소이다. 타이머는 퀴즈나 과제 수행 시간을 제한하는 것으로 주어진 시간 안에 학습을 마치면 배지를 주고 이런 과정은 학습에 집중을 높인다. 팀 전략은 협동이나 팀워크에 대한 보상으로 어려움을 극복하기 위한 수단이다. 아바타 전략은 자신의 정체성을 숨기고 자신의 개인적 정보를 확보하여 학습과정에서 안정감을 확보하는 방안이다.

　　디지털 학습에서의 플로리싱을 촉진하기 위한 연구동향을 알아봤다. 이를 위하여 이러닝 학습에서 대학생의 학습개입에 대한 연구를 분석했다. 이 연구결과에 따르면 이러닝 학습 설계 원리에 관한 연구, 학습 개입을 예측하는 요인, 학습개입을 높이기 위한 게임화 전략으로 연구 동향을 확인하였다.

　　첫째, 학습개입의 개념은 행동적 개입, 정서적 개입, 인지적 개입으로 구분되어 연구되었다. 대부분의 연구에서 이 세 가지 학습 개입의 종류를 구분하고 있었으며 각 개입의 특징에 따라 다른 학습 설계 전략을 제시하였다. 예를 들면 행동적 개입에서는 학습자의 홈페이지 접속 시간이나 학습 시간, 토론 활동 개입 정도를 확인하였다. 정서적 개입에서는 학습자의 학습 동기를 높이기 위해 배지, 학습 진도율, 보상 등을 제공하는 게임화 전략을 사용하였다. 또한 정서적으로 긍정적인 감정을 제공하려면, 학습내용이 학습자에게 어떤 의미를 줄 수 있어야 한다. 마지막으로 인지적 개입을 위해 학습 활동과 직접적으로 연관된 활동이 중요하게 부각되었는데, 학습성찰, 학습전이를 위한 기회 등이 필요한 것으로 나타났다.

　　구체적 연구 동향으로 먼저 이러닝 학습의 설계원리에 관한 연구에서는 학습자의 상호작용 요소를 높이기 전략과 학습 자료에 대한 자극 제시 전략 등이 공통적 요인으로 확인되었다. 특히 상호작용의 요소는 학습자 간, 학습자-교수자 간, 학습자-학습내용 간 등 상호작용을 구체적으로 구분하여 상호작용이 학습개입에 미치는 중요성을 보여주었다. 이외에도 학습개입을 높일 수 있는 설계 원리로 학습 커뮤니티를 구성하여 학습 지지를 얻거나, 학습자의 활동 관리, 학습자 지식 수준 고려, 사용 프로그램 고려, 학습 가이드라인 제공, 학습결과 확인, 의미 있는 학습 내용, 자극적 학습 자료, 학습자 주의 집중 유지, 피드백 제공, 객관적인 평가, 전이 기회제공, 프로그램 동료 평가 등 여러 가지 개념들이 제안되었다.

둘째, 이러닝 학습에서 학습 개입을 예측하는 요인으로 홈페이지나 토론페이지, 학습자료 등의 클릭 횟수와 학습 개입 시간이 공통으로 확인되었다. 온라인 학습자가 학습개입을 잘 할 것인가를 예측하기 위해서 이러닝 페이지에 클릭 수, 토론활동에 개입 수준, 이러닝 학습 스타일, 온라인 학습 준비 태세 등을 사용할 수 있었다. 이 외에도 시선정보와 얼굴 표정과 같은 생리적 데이터를 통해 학습 개입의 정도와 학습 결과를 예측할 수 있었다.

마지막으로 학습개입을 높이기 위한 게임화 전략으로 가장 널리 사용되는 것은 배지, 포인트, 진행률 막대, 보상 등이 공통으로 제시되었다. 이외에도 토론과 같은 언어적 상호작용 공간, 피드백, 가이드북, 퀴즈, 리더보드, 질문, 아바타 사용, 대시보드 사용, 내용 접근 제한, 타이머 등이 게임화 전략으로 제시되었다. 이와 같은 게임화 전략은 학습자의 행동적 및 정의적 개입과 관련이 있었지만 인지적 개입과 관련되어 있는 전략은 상대적으로 적었다.

이 장에서는 이러닝 학습에서 학습자의 학습개입을 향상시키는 전략들을 제시하였다. 이러닝 환경에서는 학습자의 고립이 발생할 수 있기 때문에 학습개입이 낮아질 수 있다. 그러나 위에 제시된 연구 결과를 바탕으로 학습환경, 다른 학습자, 그리고 교수자와 상호작용을 통해 이러닝 학습에서 학습개입 정도를 높일 수 있을 것으로 기대된다. 특히 행동적, 정의적, 인지적 학습 개입 측면을 모두 고려한 학습 설계 전략은 온라인 학습의 학습 소외 문제를 완화해 줄 것으로 기대된다. 또한 분석된 문헌 연구에서처럼 학습자의 개입 정도를 예측할 수 있는 예측 시스템을 이러닝 학습활동에서 적극 활용하여 학습자의 탈락을 미리 예방하고, 온라인 학습의 플로리싱을 실현할 수 있을 것이다. 미래 교육은 한 개인이 행복한 삶을 살 수 있도록 개인의 잠재력을 키우기 위한 것이어야 한다. 한 개인이 행복한 삶을 영위하기 위해서는 개인 위주의 성과 중심 관점에서 개인과 지역사회를 포함한 공동체의 번영을 목표로 한 교육관점이 필요하다.

📖 참고문헌

김나영 · 신현숙 (2020). 대학생의 기본심리욕구 충족과 플로리싱의 관계: 생애목표와 희망의 중다매개효과. **청소년학연구, 27**(10), 187 - 213.

심교린 · 김완석 (2019). 한국판 플로리시 척도(K - PERMA) 타당화 연구. **예술심리치료연구, 14**(4), 319 - 340.

김미정 · 문수백 (2020). 청소년의 플로리싱과 가족적응성, 또래관계, 자기수용 간의 관계 구조분석. **가정과삶의질연구, 38**(2), 1 - 14.

김미정 · 김정민 (2021). 고등학생들의 플로리싱과 관련된 변인들 간의 인과적 관계분석. **인간발달연구, 28**(1), 65 - 92.

신현숙. (2019). 긍정심리자본의 공존활력이 대학생의 플로리싱에 미치는 효과. 청소년학연구, 26(11), 157 - 184.

임소성 · 김진숙. (2018). 한국판 대학생 안녕감 척도 타당화 연구: 플로리싱과 정적 정서 및 부적 정서. **상담학연구, 19**(3), 51 - 72.

*Alsubhi, M. A., Sahari, N., & Wook, T. (2020). A Conceptual Engagement Framework for Gamified E - Learning Platform Activities. *International Journal of Emerging Technologies in Learning, 15*(22), 4 - 23. doi:10.3991/ijet.v15i22.15443.

*Cao, W., Fang, Z., Hou, G., Han, M., Xu, X., Dong, J., & Zheng, J. (2020). The psychological impact of the COVID - 19 epidemic on college students in China. *Psychiatry Res. 287*, 112934.

*Ergun, E., & Adibatmaz, F. B. K. (2020). Exploring the Predictive Role of E - Learning Readiness and E - Learning Style on Student Engagement.

Open Praxis, 12(2), 175−189. doi:10.5944/openpraxis.12.2.1072

*Firat, M., Ozturk, A., Gunes, I., Colak, E., Beyaz, M., & Buyuk, K. (201 9). How e−learning engagement time affects academic achievement in e−learning environments. A large−scale study of open and distance le arners. *Open Praxis, 11*(2), 129−141. doi:10.5944/openpraxis.11.2.920

*Haron, H., Natrah Aziz, N. H., & Harun, A. (2017). A Conceptual Model Participatory Engagement Within the E−learning Community. *Procedia Computer Science, 116*, 242−250. doi:https://doi.org/10.1016/j.procs.20 17.10.046

*Hussain, M., Zhu, W. H., Zhang, W., & Abidi, S. M. R. (2018). Student Engagement Predictions in an e−Learning System and Their Impact on Student Course Assessment Scores. *Computational Intelligence and Neuroscience, 2018*. doi:10.1155/2018/6347186

Ibanez, M. B., Di−Serio, A., & Delgado−Kloos, C. (2014). Gamification for engaging computer science students in learning activities: A case study. *IEEE Transactions on learning technologies, 7*(3), 291−301.

Janicke−Bowles, S. H., Buckley, T. M., Rey, R., Wozniak, T., Meier, A., & Lomanowska, A. (2023). Digital Flourishing: Conceptualizing and Assessing Positive Perceptions of Mediated Social Interactions. *Journal of Happiness Studies, 24*(3), 1013−1035. https://doi.org/10.1007/s10902 −023−00619−5

*Kew, S. N., & Tasir, Z. (2021). Analysing students' cognitive engagement in e−learning discussion forums through content analysis. *Knowledge Management & E−Learning−an International Journal, 13*(1), 39−57. doi:10.34105/j.kmel.2021.13.003

König, J., Jäger−Biela, D. J., & Glutsch, N. (2020). Adapting to online teaching during COVID−19 school closure: teacher education and teacher competence effects among early career teachers in Germany. *European Journal of Teacher Education, 43*(4), 608－622.

Kristjansson, K. (2017). Recent work on flourishing as the aim of educa－tion: A critical review. British Journal of Educational Studies, 65(1), 87－107.

*Lee, J., Song, H. D., & Hong, A. J. (2019). Exploring Factors, and Indicators for Measuring Students' Sustainable Engagement in e－Learning. *Sustainability, 11*(4). doi:10.3390/su11040985

Montano, R. L. T. (2021). Academic engagement predicts flourishing among students in online learning setup: The mediating role of psy－chological needs. *Journal of Psychological and Educational Research, 29*(1), 177－194.

*Poondej, C., & Lerdpornkulrat, T. (2019). Gamification in e－learning A Moodle implementation and its effect on student engagement and performance. Interactive Technology and Smart Education, 17(1), 56－66. doi:10.1108/itse－06－2019－0030

Seligman, M. E. (2012). *Flourish: A visionary new understanding of hap－piness and well－being:* Simon and Schuster.

*Sinclair, P. M., Levett－Jones, T., Morris, A., Carter, B., Bennett, P. N., & Kable, A. (2017). High engagement, high quality: A guiding framework for developing empirically informed asynchronous e－learning pro－grams for health professional educators. *Nursing & Health Sciences, 19*(1), 126－137. doi:10.1111/nhs.12322

*Shah, R. K., & Barkas, L. A. (2018). Analysing the impact of e－learning technology on students' engagement, attendance and performance. *Research in Learning Technology, 26.* doi:10.25304/rlt.v26.2070

*Rebelo, S., & Isaias, P. (2020). GAMIFICATION AS AN ENGAGEMENT

TOOL IN E–LEARNING WEBSITES. *Journal of Information Technology Education–Research, 19,* 833–854. doi:10.28945/4653

Roffarello, A. M., De Russis, L., Lottridge, D., & Cecchinato, M. E. (2023). Understanding digital wellbeing within complex technological contexts. *International Journal of Human–Computer Studies, 175,* 103034. https://doi.org/https://doi.org/10.1016/j.ijhcs.2023.103034

Rosič, J., Janicke–Bowles, S. H., Carbone, L., Lobe, B., & Vandenbosch, L. (2022). Positive digital communication among youth: The development and validation of the digital flourishing scale for adolescents [Original Research]. *Frontiers in Digital Health, 4.* https://doi.org/10.3389/fdgth.2022.975557

*Yue, J., Tian, F., Chao, K. M., Shah, N., Li, L. Z., Chen, Y., & Zheng, Q. H. (2019). Recognizing Multidimensional Engagement of E–Learners Based on Multi–Channel Data in E–Learning Environment. *IEEE Access, 7,* 149554–149567. doi:10.1109/access.2019.2947091

찾아보기

저자소개

류지헌_jeeheon@jnu.ac.kr

고려대학교 교육학과에서 학사와 석사학위를 받았으며, 플로리다 주립대학교(Florida State University)에서 교육공학으로 박사학위를 취득하였다. 현재 전남대학교 교육학과 교육공학 전공 교수로 재직 중이다. 주요 연구주제는 가상학습 공간의 설계, 아바타와의 정서적 상호작용, 인지부하의 측정 및 설계이다. 주로 첨단매체의 활용에 대한 연구과제를 수행하고 있다. 현재 전남대학교 교육문제연구소장 및 실감학습융합연구센터장을 맡고 있다.

이주미_jlee@jnu.ac.kr

계명대학교 교육학과에서 학사학위를 받았고 경북대학교에서 석사학위를 받았다. 플로리다 주립대학교(Florida State University)에서 교육심리학으로 박사학위를 취득하였다. 현재 전남대학교 교육학과 교육심리 전공 교수로 재직 중이다. 주요 연구분야는 학생의 학습동기와 자기조절학습이며, 예비교사와 현직교사의 학습동기 및 전문성 개발 등에 관심이 있다. 전남대학교 교수학습센터장을 역임하며 대학생의 성공적 학교적응 및 학습을 위한 다양한 교수자 및 학생 대상 교육프로그램 개발에 기여하였다.

정주리_jjoeng@jnu.ac.kr

연세대학교에서 경영학과 심리학 복수전공으로 학사학위를 받았다. 연세대학교 심리학과에서 석사학위와 미네소타 대학교(University of Minnesota, Twin Cities)에서 상담심리 전공으로 박사학위를 취득하였다. 현재 전남대학교 교육학과 상담심리 전공 교수로 재직하고 있다. 한국상담심리학회 상담심리사 1급과 한국상담학회 전문상담사 1급 자격을 보유하고 있다. 주요 연구주제는 긍정심리, 진로상담, 자기자비, 상담자 자기돌봄 등의 영역에 대한 것이다.

주현정_worship2551@gmail.com

독일 베를린 훔볼트 대학교(Humboldt Universität zu Berlin)에서 평생교육으로 석사학위를 평생교육/고등교육 전공으로 박사학위를 취득하였다. 복수전공으로 독일 포츠담 대학교(Universität Potsdam) 교육학과 학사과정과 성인교육 전공 박사과정을 수료하였다. 현재 전남대학교 교육학과 BK21 플로리싱 교육전문가양성 교육연구단 학술연구교수로 재직하고 있다. 주요 연구분야는 대학평생교육, 고등교육, 성인교육, 환경교육, 플로리싱 교육이다.

홍은영_aporia@jnu.ac.kr

독일 담슈타트 대학교(Technische Darmstadt Univerität)에서 교육학 학사와 석사학위를 받았다. 독일 칼스루에 교육대학교(Pädagogische Hochschule Karlsruhe)에서 박사학위를 취득하였다. 현재 전남대학교 교육학과 교육철학 전공 교수로 재직하고 있다. 주요 연구분야는 교육철학, 비판적 교육학, 민주시민교육, 상호문화교육 등이다. 역서로는 아도르노의 "성숙을 위한 교육" 등이 있으며, 교양교육과 교육학의 본질에 등에 대한 연구를 수행하고 있다.

플로리싱한 삶을 위한 교육

초판발행	2023년 2월 28일
지은이	류지헌·이주미·정주리·주현정·홍은영
펴낸이	노 현
편 집	전채린
기획/마케팅	조정빈
표지디자인	이영경
제 작	고철민·조영환
펴낸곳	㈜ 피와이메이트
	서울특별시 금천구 가산디지털2로 53, 210호(가산동, 한라시그마밸리)
	등록 2014. 2. 12. 제2018-000080호
전 화	02)733-6771
f a x	02)736-4818
e-mail	pys@pybook.co.kr
homepage	www.pybook.co.kr
ISBN	979-11-6519-385-0 93370

copyright©류지헌·이주미·정주리·주현정·홍은영, 2023, Printed in Korea

정 가	11,000원

박영스토리는 박영사와 함께하는 브랜드입니다.